I0833005

HISTOIRE DE MONSIEUR CLEVELAND.

TOME PREMIER.

Dom Prevost auteur

LE PHILOSOPHE ANGLOIS,

OU

HISTOIRE DE MONSIEUR CLEVELAND,

FILS NATUREL DE CROMWELL,

ECRITE PAR LUI-MESME,

Et traduite de l'Anglois par l'Auteur des MEMOIRES D'UN HOMME DE QUALITÉ.

TOME PREMIER.

A PARIS;
Chez FRANÇOIS DIDOT, Libraire, Quay des Augustins, près le Pont S. Michel, à la Bible d'Or.

M. DCC XXXI.

AVEC APPROBATION ET PRIVILEGE DU ROY.

PREFACE.

J'E n'imiterai point l'affectation de quantité d'Auteurs modernes, qui semblent craindre d'offenser le Public, ou du moins de l'importuner par une Préface ; & qui font paroître autant de repugnance & d'embarras lorsqu'ils en ont une à composer, que s'ils avoient à redouter effectivement le chagrin & le dégoût de leurs Lecteurs. J'ai peine à concevoir ce qui peut causer leurs allarmes & leurs difficultés. Car si leurs Ouvrages ne demandent point les éclaircissemens préliminaires d'une Préface, qui les oblige de prendre le soin inutile d'en composer ? Et s'ils croyent au contraire que leurs Lecteurs ayent besoin de quelque explication pour l'intelligence de ce qui leur est présenté, pourquoi craindre de leur déplaire en leur offrant un secours, qu'ils ne sçauroient manquer de trouver agréable dès qu'ils auront reconnu qu'il est nécessaire ? On sent, par exemple, qu'il manqueroit quelque chose à un Livre tel que celui que je donne au Public, s'il n'étoit pas précedé d'une Introduction qui puisse répandre quelque lumiere sur des *évenemens obſcurs, ou inconnus juſqu'aujourd'hui. Un Ouvrage de cette nature peut être regardé comme un Païs nouvellement découvert ; & le deſſein de le lire, comme une eſpece de Voyage que le Lecteur entreprend. Il ne ſuffit pas de lui en annoncer le nom, par un Titre ; il faut qu'il en connoiſſe la ſituation & le chemin, pour y entrer avec aſſurance. Il faut même qu'il ſoit informé de ce qu'il y doit rencontrer de curieux & d'agréable, pour éviter l'embarras des recherches & des incertitudes, qui diminueroient la ſatisfaction qu'il ſe promet ſur la route. Tel eſt le ſervice que je vais rendre à mes Lecteurs.*

L'Hiſtoire de M. Cleveland *m'eſt venuë d'une bonne ſource, Je la tiens de ſon Fils, qui porte le même nom, & qui vit actuellement à Londres, dans une heureuſe vieilleſſe, après avoir paſſé la plus grande partie de ſa vie au ſervice de differens Princes étrangers. Le hazard me procura ſa connoiſſance. Il avoit lu mes* Mémoires, *& ce fut la plus forte raiſon qui le porta à me parler de ceux de ſon Pere. Je veux vous faire connoître, me dit-il un jour en me les préſentant, un homme qui avoit le cœur fait à peu près comme le votre, & qui* *a fait le même usage que vous des avantures d'une vie fort malheureuse. Il me confia le Manuscrit, que je lus avec avidité. Je trouvai en effet tant de rapport entre les inclinations de M. Cleveland & les miennes, tant de ressemblance dans notre maniere de penser & dans nos sentimens, que je confessai au Fils, que je m'étois reconnu dans les traits de son Pere, & que nos cœurs, si l'on me permet cette expression, étoient de la même trempe & sortis du même moule. Je lui demandai quelle raison il avoit de condamner aux ténebres, un Ouvrage qui plairoit vraisemblablement au Public? Il me répondit, que la seule qui l'empêchoit de le publier, étoit la difficulté de mettre le Manuscrit en ordre, & de donner un air d'Histoire & de Narration suivie à des évenemens dont le fil étoit interrompu en quantité d'endroits. Je me serois chargé de ce soin sans balancer, si j'eusse sçu la Langue Angloise assez parfaitement pour me flater de pouvoir atteindre aux agrémens du stile, mais comme il y a bien loin, de la simple intelligence d'une Langue, au talent de l'écrire avec politesse, je me bornai au dessein d'entreprendre en François, ce que je ne me sentois point ca-*

pable d'executer en Anglois M. Cleveland ne marqua point d'éloignement pour cette proposition. Il me permit de prendre une Copie de son Manuscrit ; & l'ayant apportée en France à mon retour, j'ai employé ce que des occupations plus importantes m'ont laissé de liberté, pour lui donner la forme sous laquelle elle peut paroître aujourd'hui.

Le tems où vivoit M. Cleveland n'est pas si éloigné du nôtre, qu'il ne puisse se trouver encore quantité de personnes qui l'ayent connu. La plus grande partie de son Histoire roule aussi sur des faits dont la mémoire est récente ; de sorte qu'un Lecteur ne doit pas craindre qu'on le transporte ici dans la Région des fables. Cependant, il faut convenir qu'il s'y rencontre des avantures extraordinaires, & qui semblent demander d'être attestées. C'est ce que j'ai reconnu moi-même en les traduisant ; & je me suis trouvé engagé par cette réflexion, à faire ici quelques remarques, qui pourront arrêter le penchant que la plûpart des Lecteurs ont à l'incredulité.

Je n'aurai point recours aux raisons générales, dont il n'y a point d'Auteur qui ne puiſſe ſe ſervir pour accréditer également la verité & le menſonge. Car, quoiqu'il ſoit certain, par exemple, que la vraiſemblance n'eſt pas un caractere néceſſaire de la vérité, & que nous voyons arriver tous les jours mille choſes que nous traiterions d'abſurdes & d'impoſſibles ſur tout autre rapport que celui de nos yeux : une preuve ſi vague n'entraine preſque rien après elle, parce qu'elle n'établit tout au plus, qu'un Fait obſcur & difficile peut-être vrai, ſans montrer qu'il le ſoit effectivement. Les preuves de raiſonnement ne concluent rien en faveur d'un Point purement hiſtorique ; il en faut de la même nature que ce qui eſt à prouver, c'eſt-à-dire, qu'un Fait douteux doit être prouvé par un Fait certain. Un de vos arbres a produit des feüilles au milieu de l'Hyver : j'en doute, malgré vos aſſurances. Croyez-vous me convaincre, en m'expliquant par quelle voye la Nature a pu ſe déveloper avant le retour de la belle ſaiſon ? Vous me forcerez peut-être de convenir que la choſe eſt poſſible. Mais faites-moi confirmer cette merveille par des témoins ſages, qui l'ayent vûë comme vous, & qui n'ayent pu s'accorder pour ſurprendre ma crédulité té ; faites-moi voir quelqu'unes de ces feüilles, avec la verdure & la fraicheur qu'elles doivent avoir en naissant : j'ajoute foi à votre récit, sans m'embarasser un moment de l'examen. Dans le fond, je ne sçai si cette lenteur délicate à croire la vérité des faits est fort glorieuse pour les hommes, & s'ils ont raison de s'en faire une espece d'honneur. Il est clair qu'elle suppose la mauvaise opinion qu'ils ont les uns des autres, & la défiance mutuelle où ils sont de leur droiture & de leur bonne-foi.

Quoyque ce que j'ai à dire pour appuyer la verité des avantures extraordinaires de M. Cleveland n'ait point la force d'une preuve décisive de Fait, on ne le trouvera pas non plus aussi vague & aussi foible qu'une preuve de simple Raisonnement. C'est un mêlange de ces deux sortes de preuves. 1. Dans toutes les choses que M. Cleveland nous raconte sans autre témoignage que le sien, je remarque, qu'il n'a rien avancé qui ne puisse se concilier parfaitement avec nos Histoires les plus fideles & les plus approuvées. 2. Il rapporte un grand nombre de Faits, dont on trouve réellement des traces, & souvent même d'amples témoignages, dans les Historiens contemporains.

Le caractere de Cromwell *est si connu, qu'on n'accusera point notre Auteur de l'avoir noirci par un ressentiment de vengeance & de haine. Il n'y a qu'à consulter les plus célebres Historiens d'Angleterre; on verra qu'ils s'accordent avec M. Cleveland, jusques dans les expressions.* » *Personne (dit le Comte de* Clarendon *en parlant du Protecteur) n'a jamais rien entrepris avec plus de méchanceté, & avec tant de mépris de la Religion & de l'Honnêteté morale. Cependant, une méchanceté aussi grande que la sienne n'auroit jamais fait réüssir ses desseins, sans le secours d'un esprit sublime, d'une prudence & d'une adresse admirables, & sans la résolution d'un cœur magnanime.*" *Le même Auteur ajoute un peu plus bas :* » *En un mot, comme il étoit coupable de plusieurs crimes pour lesquels la Damnation est dénoncée, & le feu de l'Enfer préparé, aussi avoit-il de ces bonnes qualités qui ont rendu la mémoire de quelques-uns célebre dans tous les Siecles; & il sera regardé par la Posterité, comme un brave & un mé-*

chant homme. " *M.* Burnet *assura que son principe favori, & celui dont il faisoit le plus souvent usage, étoit,* » *que les* » *Loix morales ne lient les hommes que* » *dans la conduite ordinaire de la vie, &* » *qu'on peut s'en éloigner dans les cas &* » *dans les occasions extraordinaires.* » *Il est aisé de voir qu'il n'y a point de crimes, dont on ne soit capable avec un si détestable principe.*

J'avouë qu'il s'est trouvé peu de personnes qui ayent reproché à Cromwell les excès de l'incontinence. Mais tout le monde convient qu'il étoit souverainement hypocryte; & c'en est assez pour comprendre qu'il ne faut pas juger du secret de ses mœurs, par l'apparence exterieure de sa conduite. Il laissa six Enfans, de son mariage; deux Fils & quatre Filles. La quatriéme, qui se nommoit Elisabeth, *& dont M. Cleveland parle avec estime dans les dernieres parties de son Ouvrage, a vêcu jusqu'au tems du Roi* Guillaume. *J'ai parlé en Angleterre à quantité de personnes qui l'ont connuë, & qui m'ont confirmé une partie des avantures qu'on lui attribuë dans notre Histoire.*

Il y a deux choses à observer ici sur

Cromwell. L'une, que M. Cleveland lui donne la qualité d'Orateur du Parlement, quoiqu'il ne paroisse par aucun Historien qu'il ait occupé cet Emploi. On trouve seulement, qu'il étoit Député pour Cambridge en 1640, & qu'il le fut jusqu'à ce que, de concert avec la Chambre des Communes, il trouva le moyen de s'élever aux Emplois militaires. J'ai consulté à Londres sur cette difficulté quelques personnes de consideration, & leur réponse m'a servi d'éclaircissement. Cromwell fut effectivement nommé Orateur par les intrigues de plusieurs Membres du Parlement, qui le croyoient propre à faire réüssir leurs vûës. Mais il se rendit justice, en refusant cet Emploi. Quelque versé qu'il fût dans les affaires, il avoit peu de talent pour parler en public; & il entendoit trop bien les interêts de son ambition, pour accepter une place qu'il ne se sentoit pas capable de remplir avec honneur.

Ma seconde information regarde le tems de la mort de Cromwell. Il est certain qu'elle arriva avant le Voyage du Roi Charles *à Bayonne & à Fontarabie. Il faut par conséquent, que M. Cleveland ait demeuré à Rouen avec Mylord* Axminster, *beaucoup plus long-tems que je ne marque; ou du moins, que* Richard Cromwell *eût alors succedé à son Pere. Sans l'une ou l'autre de ces suppositions, il se trouvera dans le tems une erreur de quelques mois. Je confesse, qu'elle vient uniquement de ma négligence. Cet endroit des Mémoires de M. Cleveland étoit interrompu; & je n'ai pensé qu'à joindre la narration, sans faire attention à remplir, ou du moins à faire appercevoir le vuide qui se trouvoit entre le départ d'Angleterre & le séjour de Rouen. On voit que je me suis apperçu de ma faute : mais j'ai mieux aimé qu'elle subsistât, que de mettre une interruption désagréable dans mon Ouvrage, ou de la remplir par quelque avanture de mon imagination.*

Je ne m'étendrai point sur la Caverne de Rumney-hole, *que j'ai vûë dans mon voyage d'Angleterre. La description de M. Cleveland suffit pour satisfaire la curiosité du Lecteur. J'ajouterai seulement, qu'on trouve dans plusieurs autres Provinces de cette Isle, de pareils jeux de la Nature. Darbyshire en est remplie.* Hoockey-hole *près de Wells*, Shedercliffs, *sont des raretés en ce genre, qui méritent l'attention des Voyageurs.*

La Colonie Rochelloiſe *m'a cauſé de l'embarras. Il ne me paroiſſoit pas vraiſemblable qu'un Etabliſſement ſi extraordinaire eût été ſi entierement ignoré, qu'il ne s'en trouvât nulle trace dans les Relations de nos Voyageurs; & je ne pus m'empêcher d'en témoigner quelque choſe au Fils de M. Cleveland. Il me ſatisfit auſſi-tôt, en me faiſant voir quelques endroits d'une Relation de la Mer d'Ethiopie, composée par* William Rallow, *Anglois. Si je n'y trouvai point l'Hiſtoire de* Bridge *& de ſes Compagnons, je fus aſſuré du moins de l'exiſtance de la Colonie, & de la maniere déplorable dont elle fut détruite. J'y remarquai même quelques ſingularités de ſa ſituation, que M. Cleveland avoit omiſes, & que j'ai jointes à ſon récit dans le troiſiéme Tome.*

L'Hiſtoire de Blud, *tout extraordinaire qu'elle eſt, ne peut-être revoquée en doute par ceux qui ont quelque connoiſſance du Regne de* Charles II. *Je dis la même choſe de la* Conſpiration Proteſtante de la Rye, *& de la malheureuſe fin de* Walcot, *de Mylord* Ruſſel, *du Colonel* Sidney, *mais particulierement de l'aimable & infortuné Comte d'*Eſſex.

L'avanture de Sir George Aiskew *aux Barbades, & l'expedition de* Venables *à la Jamaïque, ſont atteſtées par les Ecrivains Anglois, du moins pour le fond, ſi elles ne le ſont pas pour les circonſtances. Les malheurs de Mylord* Axminſter *ne ſont pas moins connus. Pour ceux de M. Cleveland, ils ſont expoſés ſi naturellement, qu'ils ſemblent n'avoir pas beſoin d'autre preuve que la franchiſe de ſon cœur & l'honnêteté invariable de ſes ſentimens. Ses liaiſons avec Mylord* Hyde *Comte de* Clarendon, *ſur-tout à Rouen où ce Seigneur paſſa les dernieres années de ſa vie, leurs conferences, leurs incertitudes ſur la Religion, & la maniere dont elles ſe terminent, ſont des traits ſi ſinguliers & en même tems ſi naturels, qu'on ſe perſuadera aiſement qu'ils n'ont pu être inventés à plaiſir, ni contrefaits.*

La fin tragique du ſecond Fils de M. Cleveland, quoique racontée avec des circonſtances propres à exciter la foi, n'avoit pas laiſſé de revolter la mienne, parce qu'il ne me ſembloit pas croyable qu'un accident qui touchoit de ſi près le Roi Charles, eût pu échaper aux recherches des Hiſtoriens Anglois. J'en ai feüilleté un très grand nombre, pour y découvrir quelque trait, du moins, qui pût servir de garant à mon Auteur. Voici ce que j'ai trouvé dans le Docteur Welwood : *le fond de l'avanture est manifestement le même ; il n'y manque que les causes & les circonstances, que le Docteur a ignorées.* » *On fit aussi quelque attention (dit-il)* » *à un accident arrivé à Windsor quel-* » *ques années avant la mort du Roi. Ce* » *Prince, ayant lu plus que de coutume* » *au retour de la Chasse, se retira dans* » *la chambre prochaine ; & s'étant enve-* » *lopé de son manteau, il s'endormit sur* » *un lit de repos. Peu de tems après qu'il* » *fut retourné joindre la compagnie, un* » *Domestique, du nombre de ceux qui* » *étoient avec le Roi, s'endormit sur le mê-* » *me lit de repos, étant envelopé du man-* » *teau du Roi ; & en cet état il fut trou-* » *vé mort, d'un coup de poignard, sans* » *qu'on ait jamais sçu comment cela étoit* » *arrivé, & sans qu'on en ait fait la* » *moindre enquête. Mais la chose fut* » *étouffée.* » *On n'a qu'à comparer ce récit, avec l'avanture du jeune* Cleveland ; *& l'on ne demandera point d'autre clef.*

On pourroit reprocher à M. Cleveland,

de n'avoir point assez ménagé la mémoire du Roi Charles, à qui il étoit redevable de quantité de faveurs, comme il le confesse lui-même, & de la meilleure partie de son bien. Mais un Lecteur judicieux, qui connoîtra le caractere de ce Prince; & qui fera attention à celui de notre Philosophe, ne donnera point le nom d'ingratitude à cette conduite. Il l'admirera au contraire, comme un effet de cette sincerité généreuse qui abhorte la flaterie, & sans laquelle on ne voit jamais marcher la Vertu & la Sagesse. M. Cleveland connoissoit les grandes qualités de Charles II. mais il avoit remarqué aussi, mieux que personne, qu'elles étoient comme étouffées & rendues inutiles par ses défauts. Sa mollesse sur-tout, & sa haine pour tout ce qui sentoit l'application, ne pouvoit manquer de blesser un esprit naturellement ferme & attentif, à qui de continuels malheurs avoient fait contracter encore quelque chose de plus austere & de plus sérieux. L'Evêque de Salisbury rassemble en deux mots tout le caractere de Charles : » Il étoit dit cet Ecrivain, si naturellement ennemi de toute contrainte, que quoiqu'il eût autant d'esprit qu'homme du monde, &

» *une mine majestueuse, il ne pouvoit, non » pas même après l'avoir prémédité, joüer » le rôle de Roi pour un moment, soit au » Parlement, soit au Conseil, ni par ses » paroles, ni par ses gestes.* » *Ajoutez, qu'il avoit des idées de Religion & des principes de Morale assés singuliers, qu'un homme d'un caractere aussi droit que M. Cleveland ne pouvoit s'empêcher de condamner hautement, même dans un Prince qu'il aimoit. Aussi nous laisse-t-il entendre, que la liberté avec laquelle il expliqua là-dessus ses sentimens au Roi, eut plus de part à sa disgrace que la Conspiration de la Rye. dans laquelle on le soupçonna d'avoir trempé. Ce fut à peu près la même raison qui lui fit perdre l'affection du Duc de* Monmouth *; & qui lui attira de ce Seigneur l'outrage cruel, dont il est surprenant qu'il nous ait fait lui-même un récit si naturel & si sincere dans son Histoire.*

Je m'apperçois que mes remarques s'allongent insensiblement sous ma plume. Un excès de longueur dans une Préface seroit un défaut, comme c'en est un d'affecter ridiculement de commencer un Ouvrage sans Préface & sans Introduction. Je ne serois pas pardonnable de tomber dans la premiere de ces extremités, après avoir commencé rigoureusement par condamner l'autre. S'il me reste quelque chose à demander au Public, c'est de faire attention, qu'il y a toûjours une extrême difference entre une Traduction simple, & un Ouvrage qu'on a tiré de son propre fonds. Je le prie de regler là-dessus son indulgence.

AVIS DU LIBRAIRE.

DES raisons particulieres m'ont obligé de differer de quelques semaines l'impression des deux volumes, j'avertis le Public, qu'ils ne tarderont à présent à paroître, qu'autant qu'il faudra de tems pour les imprimer, c'est-à-dire, un mois ou six semaines.

LE PHILOSOPHE ANGLOIS, OU HISTOIRE DE MONSIEUR CLEVELAND, FILS NATUREL DE CROMWELL.

LIVRE PREMIER.

LA réputation de mon Pere me dispense du soin de m'étendre sur mon origine. Personne n'ignore quel fut le caractere de cet Homme célébre, qui tint pendant plusieurs années toute l'Europe dans l'admiration de ses vertus & de ses crimes. L'Histoire balance encore dans quel rang elle doit placer son nom, & s'il faut le compter parmi les Heros, ou parmi les Scélérats. Mais de quelque côté que son jugement se déclare, elle ne sçauroit lui ôter l'immortalité, qu'il mérite sous l'un ou l'autre titre. La qualité de Fils ne m'empêchera pas de lui rendre impartialement justice, dans toutes les occasions que je vais avoir de parler de sa conduite.

Son zéle affecté pour la Religion ne l'avoit pas rendu insensible aux plaisirs de l'Amour. Il laissa plusieurs enfans, de son Epouse légitime, & de diverses Maîtresses. C'est une chose incroyable, que les Descendans d'un homme si puissant, si riche, & si redouté, ayent pû devenir le joüet de la Fortune, & se voir réduits presque tous à périr dans l'obſcurité & la miſere. Cependant, à la réſerve d'un ſeul qui a conſervé ſon nom, avec une petite partie de ſes biens, & qui les a tranſmis à ſon Fils, qui occupe actuellement à Londres un Emploi médiocre dans la Juſtice Civile; tous les autres ont été expatriés diverſement, & n'ont rien recueilli de l'heritage de leur Pere. Mon mauvais ſort m'a rendu le plus malheureux : j'expoſe l'Hiſtoire de mes malheurs au Public.

Ne me demandera-t-on pas, quelle ſorte de plaiſir peut trouver un miſérable à ſe rappeller le ſouvenir de ſes peines, par un récit qui ne ſçauroit manquer d'en renouveller le ſentiment? Ce ne peut être qu'une perſonne heureuſe; qui me faſſe cette queſtion; car tous les infortunés ſçavent trop bien, que la plus douce conſolation d'une grande douleur, eſt d'avoir la liberté de ſe plaindre & de paroître affligé.

Le cœur d'un malheureux est idolâtre de sa tristesse, autant qu'un cœur heureux & satisfait l'est de ses plaisirs. Si le silence & la solitude sont agréables dans l'affliction, c'est qu'on s'y recueïlle, en quelque sorte, au milieu de ses peines, & qu'on y a la douceur de gémir sans être interrompu. Mais c'est une consolation plus douce encore, de pouvoir exprimer ses sentimens par écrit. Le papier n'est point un Confident insensible, comme il le semble : il s'anime, en recevant les expressions d'un cœur triste & passionné : il les conserve fidélement, au défaut de la mémoire : il est toujours prêt à les représenter ; & non seulement cette image sert à nourrir une chere & délicieuse tristesse, elle sert encore à la justifier. Je commence donc mon récit.

Ma Mere s'appelloit *Elisabeth Cleveland*. Elle étoit Fille d'un des principaux Officiers du Palais Royal de

Hamptoncourt. Sa beauté lui attira les regards, & presque aussi-tôt l'amour du Roi *Charles Premier*. Il y a peu de Femmes qui s'arment de fierté, contre les soupirs d'un grand Roi. Ma Mere se fit un honneur de les avoir mérité. Elle étoit adroite & intriguante. Elle comprit fort bien, que dans ces engagemens inégaux, où l'amour a besoin de tout son pouvoir pour raccourcir la distance des conditions, les mêmes traits qui ont sçû faire la conquête d'un Amant, ne suffisent pas toujours pour fixer sa constance & sa fidelité. Elle joignit à ses charmes, tous les secours qu'elle put tirer de son esprit. Elle se soutint assés longtems dans la faveur, si l'on considere l'inconstance naturelle du Roi; mais trop peu pour satisfaire son ambition, qui étoit la passion dominante de son ame : de sorte que l'ardeur du Monarque ayant commencé à se refroidir, elle ressentit peut-être plus de chagrin de ſa chute, qu'elle n'avoit trouvé de plaiſir dans ſon élevation. Elle n'eût point la force de diſſimuler ſon mécontentement. Ses plaintes indiſcretes, & les liaiſons qu'elle prit hautement avec le Parti oppoſé à la Maiſon Royale, la firent bientôt regarder comme une ennemie déclarée du Roi. Elle perdit ſes penſions, & quelques reſtes de grandeur qu'elle avoit eu l'adreſſe de garder juſqu'alors. M. Cleveland, qui étoit un zélé Royaliſte, lui ayant refuſé l'aſile qu'elle s'attendoit de trouver dans la maiſon paternelle, elle ſe vit contrainte, par la néceſſité, de ſuivre le premier choix de ſa haine, c'eſt-à-dire, d'entrer ſans ménagement dans le Parti des ennemis de la Cour.

Mon Pere commençoit dès-lors à tenir parmi eux un des premiere rangs. Son eſprit, ſes talens extraordinaires, ſon reſpect pour la Religion, la régularité de ſes mœurs,

& sur-tout le zéle incomparable, dont il paroissoit animé pour la Patrie, l'avoient mis dans une haute estime à Londres, & le faisoient regarder de tous les Anglois comme le Défenseur de leurs Loix, & le soutien de leur Liberté. J'ignore s'il avoit déja formé les vûës ambitieuses qui ont éclatté depuis; mais dans la profession ouverte qu'il faisoit d'être opposé au Gouvernement, il étoit trop habile homme pour ne pas reconnoitre l'utilité qu'il pouvoit tirer de Mademoiselle Cleveland. Il connoissoit le caractere de son esprit, & la part qu'elle avoit euë pendant sa faveur aux plus secretes délibérations de la Cour. C'étoit à lui-même qu'elle s'étoit adressée. Il la reçut avec une distinction qui flatta sa vanité. Il prévint l'exposition de ses besoins, en lui offrant sa bourse & celle de ses Amis. Il la pria de se reposer sur lui du soin de sa fortune. Il s'attira ſi parfaitement ſon eſtime & ſa confiance dans cette premiere entrevûë, qu'elle ne tarda point à le regarder comme ſon meilleur Ami. L'Amitié, entre deux perſonnes d'un ſexe différent, tient preſque toujours à l'Amour. Leurs entretiens politiques ſe changerent bientôt en converſations tendres. Ils s'aimerent; & Mademoiſelle Cleveland ne crut point s'avilir en devenant la Maîtreſſe d'un homme tel que mon Pere, elle qui l'avoit été de ſon Roi.

Cependant, ſon amour produiſit un effet, qu'elle n'attendoit point. Il fut funeſte à ſon ambition. Le monde pardonne à une femme certaines foibleſſes, qui paroiſſent anoblies par leur cauſe. L'honneur d'être aimé d'un grand Roy, balance, en quelque ſorte, la perte de la Vertu. Mais hors de cette extrême élevation, qui flatte l'orguëil juſqu'au point de changer ainſi nos idées, on s'accorde à regarder d'un certain œil toutes les Femmes qui oublient leur devoir par le transport d'une paſſion aveugle. Je ne le pardonne pas même à ma Mere, quoique ce ſoit à un pareil défaut de ſageſſe que je dois le jour. Elle ne trouva pas plus d'indulgence à Londres : toutes les perſonnes de diſtinction, dont elle s'étoit conſervé l'eſtime, la lui ôterent, avec leur familiarité & leur amitié. Mon pere lui-même ceſſa de la conſiderer, lorſqu'elle ſe fut renduë à ſes deſirs; & ne la croyant plus propre à ſervir à ſes deſſeins, il ne la traita plus que ſur le pied d'une Maîtreſſe ordinaire. Ce changement parut dur à ma mere. Il ſervit à la guérir de ſa paſſion. Elle eut aſſez de fierté, pour quitter ſon Amant ſans ſe plaindre; & elle ſe retira à Hammerſmith, où elle me porta dans ſon ſein. Je ne ſçai pas quelles étoient ſes vûës, ni ſur quel fonds elle comptoit pour vivre; mais mon pere ne l'oublia point si entierement, qu'il ne prît soin de lui assûrer une honnête subsistance. Son malheur lui fut utile. Il lui fit perdre le goût de tout ce qu'elle avoit aimé jusqu'alors. Elle renonça non seulement à l'ambition & à l'amour, mais aux passe-tems mêmes les plus innocens, qui occupent le commun des femmes. Elle se renferma dans une vie sérieuse & appliquée. La lecture devint sa plus chere occupation; & lorsqu'elle m'eût mis au monde, elle y ajoûta le soin de mon enfance, & ensuite celui de mon éducation.

Je crains de réüssir mal à donner une idée de la sagesse & de la vertu de cette excellente Mere. Ce n'étoit plus cette femme mondaine & dissipée, qui avoit été tour à tour l'esclave de l'amour & de l'ambition. Ses idées & ses sentimens étoient devenus aussi réglés que sa conduite extérieure. Je ne fus pas plûtôt sorti des ténébres de l'Enfance, qu'elle entreprit de me former elle-même l'esprit & les mœurs, sans avoir recours aux leçons des Maîtres ordinaires. Elle avoit receüilli tous les bons Auteurs des derniers siécles, & elle y avoit ajouté les meilleurs Traductions des Ouvrages des Anciens. Elle s'étoit nourrie si assidûment de cette lecture pendant plusieurs années, que sans le secours de la Langue Latine, elle étoit parvenuë à une connoissance extraordinaire de l'Histoire. Elle s'étoit formé le goût avec le même succès pour les Ouvrages d'esprit. Il ne sortoit rien de la presse, qu'elle ne lût, en y joignant son jugement & sa censure. C'étoit le seul endroit par lequel elle conservoit encore quelque commerce avec le Monde. Mais le principal objet de son étude avoit été la Philosophie morale. Elle y rapportoit toutes ses lumieres. Les autres Sciences lui servoient comme de dégrés pour arriver à ce but, & elle ne les eſtimoit utiles & ſolides, qu'à proportion qu'elles pouvoient ſervir à l'en approcher. Elle avoit lû, dans les Traductions, tous les Philoſophes anciens & modernes. Elle en avoit tiré avec un diſcernement admirable, tout ce qu'ils ont penſé de plus raiſonnable par rapport au bonheur & à la vérité. Elle en avoit composé, à force de ſoins, un Syſtême complet, dont toutes les parties étoient enchaînées merveilleuſment à un petit nombre de principes clairs & bien établis. C'étoit ſon Ouvrage favori; elle ne ſe laſſoit point de le relire. Elle y trouvoit, diſoit-elle, comme dans une ſource toujours féconde, ſa force, ſes motifs, ſes conſolations, en un mot, le fondement de la paix de ſon cœur, & de la conſtante égalité de ſon eſprit.

Je n'avois gueres plus de ſept ou huit ans, lorſqu'elle commença à m'inſpirer le goût de ce qu'elle aimoit si cherement. Elle me trouva d'heureuses dispositions ; ou plûtôt elle m'en communiqua, par l'assiduité de ses soins, & la répetition continuelle de ses maximes. Je n'avois vû qu'elle, jusqu'alors ; car, dans le dessein où elle étoit de me donner, pour ainsi dire, un cœur & un esprit de sa façon, elle m'avoit retranché tous les amusemens de l'Enfance. J'étois continuellement sous ses yeux. Mes mains avoient à peine la force de soutenir un Livre, que j'étois déjà accoutumé à le feüilleter. Je sçavois lire, lorsque le commun des Enfans commence à parler ; & la solitude perpétuelle dans laquelle j'étois retenu, me fit prendre l'habitude de penser & de réfléchir, dans un âge où l'on ignore encore de quelle nature on est, & dans quelle classe d'Animaux l'Homme doit être rangé. Je n'appris point le Latin. C'est une Langue, disoit ma mere, qui n'est nécessaire à présent qu'aux

Critiques, ou aux Maîtres d'Ecole. Toutes ses beautés ont été transmises dans les Langues vivantes, par le moyen des Traductions. Le tems qu'un Enfant perd à l'apprendre, peut être employé plus utilement à l'acquisition des connoissances solides. En général, elle étoit fort prévenuë contre l'étude des Langues; elle les appelloit, la peste de la raison, & la ruine du Jugement. Cette multitude de traces, que forment tant de mots barbares & étrangers dans le cerveau d'un Enfant, y produit une confusion irréparable. Ce seroit un grand mal, disoit-elle, qu'on ne pût faire de progrès dans les Sciences, qu'après avoir donné une partie de sa vie à l'étude des Langues : mais puisqu'on peut se passer de ce secours, c'est une folie extrême de se charger la tête d'un fardeau inutile. Cinq ou six années, qu'on employe dans la jeunesse à tourner un peu de Latin, ne contribuent que d'une maniere bien foible & bien éloignée à conduire les hommes à leur principal but, qui doit être de se rendre sages & heureux. Ce n'est point la memoire, ajoûtoit-elle, c'est le cœur & l'esprit qu'il faut cultiver à cet âge; de-là dépend tout l'édifice du bonheur & de la vertu. Elle se contenta de me faire apprendre ma Langue naturelle dans la derniere exactitude; parce qu'il est nécessaire à un homme de quelque naissance, de s'exprimer poliment, & de sçavoir écrire de même. Elle me fit ajoûter à cette étude celle de la Langue Françoise, comme si elle eût prévû que mon Etoile ne me destinoit point à une vie tranquille. Peut-être vous trouverez-vous exposé, me dit-elle, à quitter un jour votre Patrie: vous aurez besoin d'un langage qui puisse vous faire entendre des Etrangers; & vous ne sçauriez en apprendre de plus universel que le François.

L'occupation de mes premieres années fut donc une ſimple imitation des études de ma mere. J'appris les élemens des Sciences, comme elle, & dans les mêmes vûës. Je m'appliquai particulierement à l'Hiſtoire, qui eſt la Partie pratique de la Philoſophie morale. Je n'en négligeai pas non plus les ſources: je n'avois qu'à jetter les yeux ſur le Syſtême abregé de ma mere; ce Livre d'or étoit toujours ouvert ſur ma table. Je l'avois copié de ma propre main. Je comparois mes lectures hiſtoriques, à ſes Principes; je jugeois des vertus & des vices, ſuivant ſes idées; &, ſoit qu'elle n'eût ſuivi que les ſentimens droits de la Nature, qui ſe trouvent les mêmes dans tous les hommes, lorſqu'ils veulent les obſerver & les ſuivre; ſoit que l'habitude de vivre avec elle, & de recevoir inceſſamment ſes leçons, m'eût accoûtumé à penſer comme elle; je ſentois la

verité

vérité de ses maximes, & je trouvois au fond de mon cœur tous ces mêmes sentimens, qui étoient sortis du sien, & qu'elle avoit mis en ordre sur le papier.

Pendant que nous menions ainsi une vie solitaire & appliquée, notre malheureuse Patrie s'étoit vûë déchirer intérieurement par les divisions civiles. Mon pere, que j'appelle toujours de ce nom, (quoique j'ignorasse alors de qui j'avois reçû la vie;) mon pere, à la tête d'une Troupe de Citoyens furieux, avoit allumé le feu de la discorde dans toutes les parties de l'Isle. Ils y avoient répandu les horreurs de la Guerre, pendant plusieurs années. Elle n'avoit fini que par un attentat qui surpassoit tous les autres, & auquel on n'a point encore donné de nom particulier dans aucune langue; par cette raison, sans doute, qu'il n'y en a point d'assés horrible pour le bien exprimer. Je parle de la mort infortunée du Roi Charles, notre légitime Souverain. Quoique notre retraite fût si profonde, que le bruit de la Guerre n'étoit point venu jusqu'à nous, il nous fut impossible d'en ignorer la détestable catastrophe. Le cri du sang de ce bon Roi s'éleva jusqu'au Ciel, & les gémissemens de tous les véritables Anglois pénétrerent jusqu'au fond de notre solitude. Ma mere se fit informer de tout le détail de cette funeste avanture. Elle vint me l'apprendre aussitôt, & sa Philosophie ne pût l'empêcher de verser une abondance de l'armes en commençant ce récit. Ecoutez, mon Fils, me dit-elle, écoutez un malheur qui n'eût jamais d'exemple. Le Roi est mort sur un échaffaut; & c'est votre Pere qui l'y a fait monter. O Dieu, ajouta-t-elle, ne proportionnez point vos châtimens à cet horrible crime, & ne les étendez pas du moins jusqu'à nous! Comme il ne m'étoit jamais rien arrivée qui m'eût causé le moindre trouble, & que j'avois toujours vû ma Mere aussi tranquille que moi, ses larmes, le désordre avec lequel elle avoit commencé à parler, & le nom de Pere, que je n'avois jamais entendu prononcer, firent sur moi une si forte impression, que je tombai sans connoissance. Etant revenu à moi, je demeurai les yeux ouverts à la regarder, comme si j'eusse attendu d'elle la suite d'un Exorde si extraordinaire. Elle me satisfit, en m'apprenant ses avantures, ma naissance, le rang auquel mon Pere s'étoit élevé, & tout ce qu'elle venoit d'entendre elle-même de ceux qui lui avoient raconté les Troubles d'Angleterre, & la fin tragique de notre malheureux Roy.

J'étois jeune encore; mais j'avois l'esprit avancé. Le récit de ma Mere avoit été vif & animé. Je me trouvai, lorsqu'elle eût fini, dans une espece de transport, qui m'empêcha durant quelque tems d'être attentif à ce qui se passoit auprès de moi. J'étois comme effrayé de tant d'images nouvelles, qui agissoient tout à la fois sur mon esprit. Ce n'est pas que je n'eusse lû dans l'Histoire, des renversemens d'Etats, des Troubles, & des Guerres sanglantes; mais on n'est gueres émû d'un évenement passé, qu'un Historien raconte froidement. Il me sembloit que j'eusse part à la Révolution présente, dans la personne de mon Pere. Les mouvemens de la Nature se trouvoient comme en opposition avec mes idées. Je me sentois porté à l'aimer, & à desirer de le voir; & dans le même tems, je le détestois, comme un monstre qui s'étoit rendu coupable du plus noir de tous les crimes. La conduite, d'ailleurs, qu'il avoit tenu à l'égard de ma Mere, achevoit de me revolter contre lui. Tous mes sentimens étoient encore droits & naturels. Je n'avois de goût

& d'admiration, que pour la Sagesse & la Vertu; je ne pouvois concevoir, qu'on pût s'écarter volontairement de l'une & de l'autre. Ainsi, je m'accoutumai à mépriser l'Auteur de ma naissance, en commençant à le connoître, & le doux nom de Pere se lia tout d'un coup dans mon esprit à des idées d'aversion & de haine.

Je dois rendre néanmoins cette justice à ma Mere, qu'aussi-tôt qu'elle s'apperçût de mes dispositions, elle n'épargna rien pour les détruire. Mes les premieres impressions s'effacent difficilement dans le cœur d'un jeune homme. Elle employa en vain ces mêmes maximes, qu'elle m'avoit fait goûter par ses instructions. Il faut haïr le crime, me disoit-elle: mais dans la Societé humaine, on est obligé quelquefois de le supporter. Cela est vrai, surtout, à l'égard des personnes à qui l'on doit de la tendresse & du refpect. Il n'est permis alors que de s'affliger, & de faire des vœux pour leur changement. Leurs désordres ne nous autorisent jamais à leur refuser ce que la Nature, ou d'autres devoirs, nous obligent à leur rendre. Elle me fit même connoître, que mon interêt demandoit nécessairement que je prisse ces sentimens pour mon Pere; que je n'avois rien à esperer, que de lui; qu'elle tenoit de sa libéralité, le bien médiocre qui nous faisoit vivre; que la pension dont elle joüissoit, n'étant attachée qu'à elle, je me trouverois dans une indigence absoluë après sa mort; & qu'il falloit par conséquent, que j'eusse recours à lui, pour l'interesser à mon établissement, & pour l'engager à me reconnoître en qualité de Fils. Quoique je comprisse fort bien l'importance de toutes ces raisons, elles ne purent changer le fond de mes sentimens. Plusieurs années se passerent, sans que rien fût capable de me faire sortir de ma solitude, pour aller solliciter des avantages que je n'estimois point, & que je ne voulois pas tenir de la main d'un homme que j'avois de la répugnance à regarder comme mon Pere. Je m'étois persuadé, par mes lectures & par mes réfléxions, que l'abondance n'est point nécessaire à la félicité. La Vertu, disois-je, ne dépend point des biens de la Fortune; & c'est la Vertu seule qui rend un honnête-homme heureux.

Ma Mere avoit là-dessus, sans doute, les mêmes sentimens que moi; puisque c'étoit, pour ainsi dire, avec son lait que j'avois succé les miens: mais elle y joignoit l'expérience du Monde, qui lui faisoit considerer les choses dans un point de vûë plus juste. Elle sçavoit que la foiblesse & les besoins du corps s'opposent continuellement à la tranquillité qui fait le bonheur de l'ame; que la Philosophie, en calmant les passions, ne rend point insensible aux nécessités de la Nature ; qu'il y a des extrêmités dans la mauvaise fortune, qui déconcertent le Sage, & qui lui font oublier ses principes : enfin, que s'il n'est point à souhaiter pour un homme vertueux, de se voir dans une abondance capable d'amolir ; il doit éviter, s'il le peut, une indigence excessive, qui abat & qui décourage. Elle me répéta tant de fois ce raisonnement, & elle renouvella si efficacement ses instances, qu'elle me fit consentir à prendre le chemin de Londres, pour me présenrer à mon Pere.

Il étoit alors au sommet de la fortune. Tous ses ennemis avoient péri, ou disparu. Le Parlement n'étoit composé que de ses partisans, & les Emplois militaires remplis par ses créatures. Jamais Roi n'avoit vû son autorité mieux établie. Le Titre modeste de *Protecteur de la République Anglicane* sembloit assûrer la durée de de ſon pouvoir ; parce que le Peuple qui eſt toûjours la dupe des apparences, s'étoit laiſſé perſuader, qu'un homme ſi moderé n'avoit point d'autre motif que l'amour de la Patrie, ni d'autre vûë que l'utilité publique. Il étoit affable, populaire, aimé de la plûpart des Anglois, & reſpecté ou craint des Etrangers. Nous apprimes à Londes tous ces changemens. Ma mere, qui connoiſſoit de longue main ſon caractere, découvrit aiſément l'artifice de toute cette conduite ; mais renfermant dans ſon cœur tous ſes ſentimens, elle s'imagina que ſon hypocriſie même nous pourroit être de quelque utilité. Il n'étoit pas croyable qu'il pût traiter ſes Enfans avec dureté, tandis qu'il affectoit tant d'indulgence & d'affection à l'égard du Public. Elle lui fit demander une audience ſecrete, qu'elle n'eut pas de peine à obtenir. Nous fumes introduits dans ſon Palais ; & il parut ſeul, un moment après, dans le cabinet où nous étions à l'attendre.

Il reconnut ma Mere, malgré l'intervalle d'une absence de plusieurs années. Il l'aborda honnêtement, & il lui demanda quels services il étoit capable de lui rendre. La vûë d'un homme qu'elle avoit aimé autrefois jusqu'à lui sacrifier toutes ses esperances, la toucha tellement, qu'elle ne put retenir ses larmes. Il en parut attendri, & il lui renouvella l'offre de ses services. Elle lui dit naturellement, que le Ciel avoit permis qu'elle eût mis heureusement au monde un fruit de leurs amours; qu'elle avoit pris soin de l'élever jusqu'alors dans la retraite; qu'elle croyoit l'avoir rendu digne de n'être pas desavoüé d'un tel Pere; & qu'elle prenoit la liberté de le lui présenter ce jour-là, pour le faire entrer dans les avantages qu'il pouvoit tirer de l'honneur de lui appartenir. Ce discours le rendit rêveur pendant quelques momens. Son viſage parut enſuite ſe changer tout d'un coup. Il nous regarda d'un œil fier & mépriſant. Non, dit-il à ma Mere, l'artifice eſt groſſier : rendés-grace à ma bonté, qui m'empêche de punir votre effronterie ; & gardés-vous de répeter votre impoſture à perſonne, ſi vous ne voulés être traitée avec toute la rigueur que vous mérités. Il nous tourna le dos en finiſſant cette cruelle réponſe, & il nous laiſſa dans le trouble & la confuſion qu'il eſt aiſé de s'imaginer.

C'eſt vous qui l'avés voulu, dis-je à ma Mere ; vous voyés ſi j'avois raiſon de reſiſter à vos inſtances, & de refuſer de vous ſuivre. Elle étoit demeurée dans un ſi profond accablement, qu'elle n'eut point la force de me répondre. Elle s'appuya ſur mon épaule, pour ſortir de l'appartement, & nous gagnâmes la ruë, ſans qu'elle eût pu prononcer une parole. Le hazard, ou ſon propre choix, nous fit passer devant le Palais de White-hall, qui étoit la place où le malheureux Roi Charles avoit perdu la tête sur un échaffaut. Nous nous y arrêtames : sa douleur s'y renouvella si amerement, que ne pouvant se soûtenir davantage, elle fut obligée de s'asseoir sur un banc de pierre qui étoit au long de la muraille. Elle y demeura loug-tems à gémir de l'horrible injustice des hommes, & de la rigueur de son sort. J'entrois dans ses plaintes. Ma haine se fortifioit contre l'Auteur de nos peines ; & quelque dénaturé que fût ce sentiment, je ne sentois point que ma raison le condamnât. Pendant que nous étions dans cette triste occupation, *Fairfax*, l'intime confident de mon Pere, passa vis-à-vis de nous pour entrer à White-hall. Il avoit vu si souvent ma Mere avant qu'elle eût quitté Londres, qu'il n'eut point de peine à la remettre. Il parut surpris de la trouver dans une telle situation.

& il eut l'honnêteté de s'arrêter pour lui faire un compliment civil. Sa tristesse étoit si visible, qu'il s'en apperçut. Il la pressa de lui en apprendre la cause; & comme on n'est gueres capable de dissimulation dans une grande douleur, elle lui ouvrit son cœur sans reserve. Il l'écouta attentivement; & soit par compassion, soit par quelque vûe politique qui regardât l'interêt de son Maître, il lui promit de s'employer avec tant de zele, que nos affaires pourroient recevoir un heurenx changement. Attendés-moi, nous dit-il; je retourne exprès chés Milord Protecteur, & je vous prie d'esperer quelque chose de mes soins. Il nous quitta. Je pressai ma Mere de se retirer. Pourquoi, lui dis-je, nous exposer une seconde fois à la dureté d'un barbare, qui ne connoit pas même les tendresses du sang & de la nature? Il me fait grace, en refusant de me reconnoître pour son Fils; il m'épargne la honte d'avoir un Pere si criminel & si méprisable. Elle ne se rendit point à mes desirs. Nous attendimes le retour de Fairfax. Il parut avec un air satisfait, qui nous fit bien augurer de son entreprise. Effectivement, il nous dit qu'il avoit eu assés de pouvoir sur l'esprit de son Maître, pour lui faire comprendre qu'il se deshonnoroit en refusant de me reconoître. Personne n'avoit ignoré le commerce qu'il avoit eu avec ma Mere; & sa grossesse n'avoit pas été moins connuë de tout le monde, avant sa retraite. La vie qu'elle avoit menée depuis, la mettoit à couvert de tous soupçons. De sorte que Farfaix, qui étoit l'homme du monde le plus adroit, avoit pris mon Pere par son foible, en lui faisant faire attention, que sa dureté pour moi alloit ruiner l'opinion qu'il s'étoit efforcé de donner jusqu'alors au Public, de sa droiture & de sa bonté. Il nous pria donc de sa part, de retourner à ſon Hôtel. En allant, il nous apprit que ce qui avoit diſpoſé ſi mal le Protecteur à notre égard, étoit une viſite qu'il avoit reçûë le matin, toute ſemblable à la nôtre. Une autre de ſes Maîtreſſes, qui ſe nommoit *Mally Bridge*, l'étoit venuë voir avec un Fils à peu près de mon âge, qu'elle avoit eu de lui. Il l'avoit vue à regret, par la crainte où il étoit de donner une mauvaiſe idée de ſes mœurs; & ſon embaras s'étoit augmenté au renouvellement du même péril.

Fairfax nous fit entrer dans un appartement plus privé que celui où nous avions été introduits la premiere fois. Nous n'y fumes pas longtems, ſans voir paroître mon Pere. Son viſage étoit ſerain, & ſon accueil fut doux & honnête. Après avoir fait de courtes excuſes à ma Mere ſur ce qui s'étoit paſſé une heure auparavant, il l'aſſûra que ſon eſtime pour elle s'étoit conſervée toute entiere, & qu'il étoit diſpoſé à lui en donner des marques. Il ſe tourna enſuite vers moi, & m'appellant ſon cher Fils, il me promit de penſer à ma fortune, & de m'accorder ſon amitié. Je tenois pendant ce tems-là les yeux baiſſés, & je demeurois dans le ſilence. Mon cœur ne s'ouvroit point aux tendres ſentimens de la nature. Je me rappellois la mort du Roi Charles, & je m'imaginois voir le bourreau qui s'étoit couvert de ce ſang innocent. Je me remettois dans l'eſprit toutes les peines que ma Mere avoit ſouffertes, & je ſongeois que je parlois à ſon Perſécuteur. Je me ſouvenois de l'air inſultant & dédaigneux, avec lequel il nous avoit rejetté la premiere fois. Enfin, ſa figure ſembloit répondre à l'idée que je m'étois formée de lui; je lui trouvois un air qui m'épouvantoit. Ma Mere me dit: Embraſſés les genoux de votre Pere, mon Fils, & tâchés de vous rendre digne de ſa bonté. Je ne fis pas le moindre mouvement pour l'embrasser. Ma Mere l'assûra que j'étois timide ; il ne fit rien pour exciter ma hardiesse. Notre conversation ayant duré pendant quelque minutes, quoiqu'avec beaucoup de langueur, il reprit la parole pour proposer à ma Mere un établissement fort avantageux, nous dit-il, pour elle & pour moi. J'ai fort à cœur, continua t'il, les Colonies de la Jamaïque & de la Nouvelle Angleterre. Je vous laisse le choix de votre établissement dans l'une ou dans l'autre. Je vous y procurerai des biens & des honneurs, qui surpasseront votre attente. J'ai besoin d'avoir dans ces lieux une personne de confiance qui fasse ses interêts des miens : vous êtes propres tous deux à me rendre service, puisque vous me touchés de si près ; & vous en recueillerés des avantages si certains, que vous pouvés déjà compter sur une fortune assurée. Fairfax entreprit de persuader à ma Mere, que cette propoſition étoit une faveur extrême de Mylord Protecteur, & que la préference qu'il nous accordoit ſur tant d'autres qui ſollicitoient une telle Commiſſion, marquoit bien ſa confiance & ſon affection pour nous. Vous ſerés honorés, ajoûta-t-il, & vous deviendrés riches en peu d'années; au bout deſquelles vous reviendrés joüir paiſiblement de vos richeſſes en Angleterre.

Ma Mere pénetra tout d'un coup le deſſein artificieux de ces offres. Mais quelque éloignée qu'elle fût de les accepter, elle comprit qu'il y auroit du danger à les réfuſer ouvertement. Il lui étoit aiſé de voir en effet, après ce qui nous étoit arrivé le même jour, que mon Pere étoit incommodé de notre préſence, & que ſon unique vûë étoit de nous éloigner. Elle n'avoit point de goût, ſans doute pour le Voyage de la Jamaïque : quelle ſatisfaction une femme eût-elle pu ſe promettre à s'exiler ainſi volontairement avec un Enfant de mon âge ? Mais il étoit à craindre de nous exposer à quelque chose de plus fâcheux, par un refus. Elle témoigna donc de la reconnoissance pour cette bonté, qui le faisoit penser si efficacement à nous. Il demeura persuadé par sa réponse, qu'elle donnoit dans toutes ses vûës, & ne pouvant dissimuler son contentement, il lui fit des caresses qui étoient peut-être sinceres, parce qu'elles étoient un effet de la joye qu'il avoit de nous avoir trompé. On ne parla plus que des préparatifs & du tems de notre départ. Il nous parut qu'il étoit dans le dessein de ne rien épargner pour nous faire faire commodément le Voyage. Le Ciel connoit de quelle maniere il eût éxecuté ses promesses : mais celles de ma Mere étoient équivoques, & lorsqu'elle le remercioit de sa bonté, c'étoit en supposant qu'il nous en donneroit des marques plus conformes à notre inclination.

Nous le quittames, après lui avoir laissé notre adresse. Je n'avois pas ouvert la bouche dans cette conversation. Ma Mere m'en fit un reproche: Je lui découvris naturellement tout ce qui s'étoit passé dans mon cœur, & je lui marquai à mon tour la surprise où j'étois, de l'avoir vu consentir si facilement à quitter l'Angleterre, pour courir après des richesses incertaines, dans un Païs inconnu. Elle m'expliqua les motifs qui l'avoient fait agir; & comme je n'en avois point d'autre pour condamner ce projet, que le mépris infini que je faisois des biens de la fortune, elle me fit appercevoir dans la proposition de mon Pere, tout ce qu'elle y avoit découvert elle-même, c'est-à-dire, son indifference pour nous, & le dessein qu'il avoit de se défaire d'elle & de moi. Ma simplicité & mon défaut d'expérience ne m'avoient pas permis de penetrer si loin. Je sentis croître mon aversion. Voilà donc, lui dis-je, à quoi ſe reduit le nom & la qualité de Pere. Partons pour l'Amérique, ajoûtai-je; ſi c'eſt un lieu déſert & inhabité, nous y vivrons loin des hommes. Je les abhorre, s'ils ſont tous ſemblables à celui qui vient de me reconnoître pour ſon Fils. Ma Mere s'efforçoit toûjours de moderer ces mouvemens. Je me les reprochois quelquefois à moi-même, comme un excès du moins qui ſembloit bleſſer la nature; mais je n'en étois pas le maître, & la ſuite des évenmens ne fit que les augmenter.

Avant que de retourner à Hammerſmith, & de prendre une derniere réſolution ſur notre conduite, ma Mere jugea à propos de faire une viſite à une Dame de Londres, dont ſa mauvaiſe fortune n'avoit pas refroidi l'amitié. Ce n'eſt pas qu'elle eût entretenu le moindre commerce avec elle depuis qu'elle s'étoit retirée à la campagne; mais connoiſſant ſon caractere, elle faiſoit toujours le même fonds ſur ſa fidelité. Cette bonne Amie ſe nommoit Madame *Riding*. Elle nous reçut avec beaucoup de joie: mais lorſque ma Mere lui eut fait la confidence de nos peines, & des deſſeins que mon Pere avoit ſur nous, elle pâlit, comme il arrive en apprenant les plus fâcheuſes nouvelles. Je vous ai cru morte, dit-elle à ma Mere; & la ſatisfaction que j'ai eu de vous revoir, ne m'a pas permis de mêler rien d'abord de funeſte à notre entretien. Mais ce que vous m'apprenez, m'oblige de changer de ton, pour vous donner de triſtes lumieres ſur le ſort qui vous attend. Vous êtes perdues, vous & votre Fils, ſi vous prenez la moindre confiance aux promeſſes du Protecteur; je vais vous apprendre une avanture ſi terrible, qu'elle ſuffit pour faire foi du péril où vous êtes, & pour vous ſervir d'exemple. Elle lui demanda enſuite, ſi elle n'avoit jamais connu *Mally Bridge*, qui avoit été aussi une des Maitresses de mon Pere. Non, répondit ma Mere, mais Fairfax m'a parlé d'elle : il m'a dit qu'elle avoit été aujourd'hui même chez Mylord Protecteur, avec le Fils qu'elle a eu de lui. Fairfax vous a trompée, reprit Madame Riding. Je ne sai quelles ont été ses vues, en vous parlant de cette Fille infortunée ; mais il y a quinze ans qu'elle n'est plus au monde. Je ne crois pas son fils non plus parmi les vivans. Ecoutez leur triste Histoire.

Mally Bridge étoit une Créature toute charmante, & du caractere du monde le plus aimable. Elle s'étoit laissée séduire par l'hypocrisie de Cromwell, dans le temps qu'il n'étoit encore que simple Orateur de la Chambre Basse du Parlement. Sa passion pour elle ne dura pas plus longtemps, que celle qu'il a eue depuis pour vous. Elle fut abandonnée comme vous, pendant sa grossesse ; &

elle traina ensuite une vie obscure & languissante, avec le fruit de son malheureux amour. Le hazard me fit lier connoissance avec elle, trois ou quatre ans après qu'il l'eut quittée. Il vous avoit déja traitée avec la même perfidie ; & comme vous disparutes presqu'aussi-tôt, on s'imagina que vous étiez morte du regret de vous voir méprisée, ou que vous aviez passé la Mer pour vous retirer chez nos voisins. J'estimai Mally Bridge, aussi-tôt que je la connus ; & je vécus avec elle sur le pied d'une intime Amie. Je la consolois, dans le chagrin qu'elle conservoit encore de sa disgrace. Je lui faisois esperer un meilleur sort, lorsque son Fils seroit en état de paroître aux yeux de Cromwell, & de réveiller par sa présence les sentimens qu'il avoit eus pour elle. Le jeune Bridge (car elle n'avoit osé lui faire prendre le nom de son Pere) étoit un Enfant rempli de bonnes qualités. Elle l'aimoit

moit avec la derniere tendreſſe. Elle goûta le projet de le préſenter à ſon Pere, qui ne pouvoit, ſans être le plus barbare de tous les hommes, refuſer ſon affection à un Fils ſi aimable. Nous concertames enſemble de qnels moyens elle pourroit ſe ſervir pour l'amener à une particuliere entrevue. Le plus court & le plus commode étoit de l'engager à venir chez elle même ; & je crus avec raiſon, qu'il ne refuſeroit pas une faveur ſi mince, à une perſonne qu'il avoit crue pendant quelque tems digne de ſon affection. Le jour fut marqué. Elle lui demanda cette grace par un Billet, qu'elle lui envoya dans un moment où elle s'étoit fait aſſurer qu'il n'étoit point occupé. Il ne tarda point à venir. Je m'étois rendue chez elle. Nous avions relevé les agrémens du petit Bridge, par une innocente parure. Je le vis arriver. Je me retirai dans le Cabinet, d'où je pouvois prêter l'oreille à cette intereſſante converſation. Elle le ſalua en ſilence, avec beaucoup de modeſtie; & faiſant approcher ſon Fils, qu'elle lui preſenta avec une grace capable d'attendrir le cœur d'un barbare: Voilà le fruit de votre amour, lui dit-elle; puiſſe-t-il être aſſez heureux pour plaire à ſon Pere, après tant de larmes & de ſoins qu'il a coûté à ſa malheureuſe Mere! Je jugeai par ſa lenteur à répondre, qu'une ſcene à la quelle il s'attendoit ſi peu, lui cauſoit quelque embarras. Il ignoroit entierement que Mally Bridge eût un Fils de lui; & la régularité de mœurs qu'il commençoit à affecter, lui faiſoit craindre tout ce qui pourroit donner la moindre atteinte à ſa reputation. Il prit ſon parti en homme conſommé dans la Politique. Il aſſura Mally, qu'il étoit au deſeſpoir d'avoir ignoré ſi long-temps qu'elle eût ce cher gage de ſon amour. Il embraſſa mille fois le Fils & la Mere. Il les entretint de la maniere la plus tendre ; & leur protestant qu'il ne se lassoit point de les voir, après une conversation de plus d'une heure, il proposa de se charger de la dépense & du soin de l'éducation d'un Enfant qu'il alloit aimer autant que ceux qu'il avoit eus de son Epouse, & pour l'établissement duquel il n'auroit pas moins de zéle & d'attention. Pour vous, dit-il à la Mere avec une tendresse contrefaite, je crains que vous n'ayez manqué de bien des choses, depuis que j'ai eu le malheur de vous perdre de vue. Je veux, s'il est possible, vous faire oublier le passé, & je vous assure aujourd'hui, pour toute votre vie, de deux cents livres sterling de pension. Quelque facile à persuader que Mally Bridge eût toujours été, elle sentoit de la repugnance à se séparer de son Fils. Elle tâcha de s'en défendre, en répondant, que cet Enfant étoit accoutumé à vivre avec elle ; qu'elle n'avoit rien de plus cher que lui ; qu'il seroit élevé avec plus de soin sous ses yeux que dans une Ecole par des étrangers ; qu'il étoit d'une délicatesse extrême ; & qu'il avoit encore besoin de l'attention d'une Mere. Cromwell fut si pressant, & la flata par tant d'esperances, qu'elle se rendit à la fin à ses trompeuses raisons. Ils convinrent qu'il envoyeroit prendre le jeune Bridge deux jours après, & qu'il commenceroit aussi de ce jour-là à payer les deux cens livres de pension à la Mere. Il la quitta, après l'avoir encore embrassé elle & son Fils.

J'avoue qu'il s'étoit contrefait avec tant d'art, que je fus embarassée sur la réponse que je devois faire à Mally, lorsqu'elle me demanda ce que je pensois de tout ce que j'avois entendu. Il peut être sincere, lui dis-je ; & ce seroit sans doute un avantage infini pour vous, qu'il le fût : mais s'il ne l'est pas, vous êtes à plaindre, de vous être engagée si inconsiderément ; & le petit Bridge l'eſt beaucoup auſſi. Elle me demanda ce que je croyois donc qu'elle dût faire, & s'il y avoit apparence que Cromwell fût aſſez dénaturé pour avoir conçu quelque deſſein cruel contre ſon Fils. Je n'oſe former ce ſoupçon, reprisje ; mais je vous conſeille du moins, de vous informer ſoigneuſement du lieu où l'on ſe propoſe de le mettre, & de ne pas vous repoſer tout à fait ſur le zéle d'autrui. Les deux jours ſe paſſerent. Un homme de fort bonne mine vint, le matin du troiſiéme, dans un caroſſe, avec un Billet de la main de Cromwell. Il apportoit à Mally Bridge une partie de la penſion. J'étois chez elle. Je ne la quittai preſque pas un ſeul moment, pendant ce tems d'allarme. Le Billet ne contenoit que quelques mots de civilités, avec une priere de remettre le petit Bridge entre les mains de l'Envoyé. Ce fut alors que les inquietudes de la triſte Mally redoublerent. Falloit-il livrer ſon Fils à un Inconnu ? Devoit-elle appréhender quelque choſe de la main d'un Pere ? Sa ſituation étoit en effet ſi embaraſſante, que j'aurois voulu pouvoir me diſpenſer honnêtement de prendre part à ſes réſolutions par mon conſeil. Elle me preſſa de lui en donner un bon. Ne ſuivez, lui dis-je, que vos propres idées, pour vous épargner le chagrin d'avoir peut-être à accuſer quelqu'un de vos peines. Cependant, ſi vous me conſultez, je vous répondrai, qu'il eſt trop tard pour rompre l'engagement que vous avez pris avec Cromwell. C'eſt un homme à craindre. Qui ſait s'il n'en viendroit point à la violence ? Seriez-vous en état de vous y oppoſer ? Le ſort de votre Fils, & le vôtre même, en deviendroient peut être plus triſtes, & le mal moins capable de remede. Non ; mais en remettant votre Fils à l'Inconnu qui le demande, faiſons-le ſuivre à vue d'œil par un Domeſtique fidele : nous ſerons informées par ce moyen de la demeure que ſon Pere lui deſtine, & nous ne tarderons gueres après cela à l'être de ſa ſituation. Elle goûta cet avis : nous l'exécutames auſſi-tôt. L'Envoyé de Cromwell reçût le petit Bridge. Nous l'accompagnames de nos larmes, jusqu'à la portiere du caroſſe. Cet aimable Enfant, qui n'étoit point encore en état de crainde le péril pour lui-même, ne paroiſſoit ſenſible qu'aux pleurs de ſa Mere.

Ce fut un de mes propres Domeſtiques, que j'envoya à la ſuite du caroſſe. J'avois un Garçon fidele & entendu, à qui il ſuffiſoit de dire deux mots, pour le mettre au fait d'une telle commiſſion. Nous attendimes impatiemment ſon retour. Il revint deux heures après ; & comme je ne lui avois rien caché du fond de cette affaire, pour l'intereſſer davantage au ſuccès par ma confiance, il leva les yeux au Ciel en entrant dans la chambre où nous étions, pour nous faire comprendre qu'il nous apportoit de fâcheuses nouvelles. Hâtez-vous de parler, lui dis-je, & ne nous effrayez point, si vous n'en avez de fortes raisons. Oh! Madame, s'écria-t-il, si je n'ai rien à vous apprendre qui doive vous effrayer, je suis sûr de vous causer du moins beaucoup de douleur & de compassion, n'en dussiez-vous avoir qu'autant que j'en ai senti. Il nous raconta, les larmes au yeux, qu'ayant suivi long-temps le carosse, il l'avoit vu enfin s'arrêter dans une rue détournée; que le Conducteur du petit Bridge étoit descendu avec cet Enfant, & qu'ayant renvoyé le Cocher, il étoit entré plus loin dans une maison; qu'il y avoit passé environ une demie heure; qu'il avoit fait appeller ensuite un carosse de louage, & qu'il y étoit monté avec son innocente proye; qu'il ne paroissoit pas qu'on lui eût fait aucun mal; mais qu'au-lieu des habits propres & galans

lans dont il étoit revétu en nous quittant, on l'avoit couvert de miserables haillons, tels qu'on les porte dans la derniere pauvreté ; que le carosse étoit allé de là à l'autre extrémité de la Ville, du côté de Wite-Chapelle ; que le Conducteur s'étoit encore défait de son Cocher à quelques pas d'un Hôpital où l'on éleve des Enfans orphelins, par le secours des charités publiques ; qu'il y étoit entré ; & qu'en étant sorti seul, il n'y avoit point lieu de douter qu'il n'y eût laissé le jeune Bridge, pour y être élevé avec quantité d'autres petits malheureux de son âge ; qu'il n'avoit osé parler au Directeur de l'Hôpital, ni prendre les moindres informations, sans nos ordres, de peur de se rendre coupable de quelque indiscretion.

Mally Bridge étoit à demi morte, en écoutant ce récit. Quoique j'en fusse presque aussi touchée qu'elle, je la consolai en lui représentant, qu'il n'y avoit rien à desesperer, puisque nous savions du moins ce que son Fils étoit devenu; qu'à la verité, la barbarie de Cromwell alloit au-delà de ce que je m'étois imaginé; mais que c'étoit un bonheur pour elle, d'avoir eu cette occasion de le connoitre, parce qu'il ne lui arriveroit plus d'être la dupe de ses artifices; que n'ayant aucun sujet de s'imaginer que nous les eussions découverts, il nous seroit aisé sans doute d'en prévenir les suites, en retirant secretement le petit Bridge de l'Hôpital; qu'il n'étoit point à craindre qu'on refusât de le rendre, lorsqu'il seroit redemandé par sa propre Mere; qu'il faloit néanmoins qu'elle remît à l'extrémité à le redemander sous ce titre, afin d'empêcher, s'il étoit possible, que Cromwell apprît jamais qu'il étoit retourné entre ses mains; que je me chargeois de cette entreprise, & que j'en croyois le succès assuré; que je lui promettois de le faire élever moi-même avec tant de secret & de soins, dans une Terre que j'ai en Devonshire, qu'il seroit moralement impossible à Cromwell d'en avoir jamais la moindre connoissance ; que si ce perfide avoit encore l'impudence de la venir voir, il faloit recevoir sa visite sans affectation ; soit qu'il ignorât qu'elle eût retrouvé son Fils, soit qu'il parût l'avoir appris ; mais qu'il n'y avoit pas d'apparence qu'il eût l'effronterie de reparoitre à ses yeux, s'il apprenoit en effet qu'elle eût découvert une si lâche & si infame tromperie.

Après m'être ainsi efforcée de la rassurer, je me préparai à partir effectivement pour exécuter mon projet. Je voulois finir son inquiétude avant la nuit, & épargner au petit Bridge le desagrément de la passer à l'Hôpital. Mais, au moment que j'allois sortir, j'apperçus le carosse de Cromwell, qui s'avançoit vers la maison de Mally. Je ne doutai point que ce ne fût une visite, qu'il venoit lui rendre. Il avoit eu le tems d'être informé par son Agent, du succès de ses desseins ; & il venoit sans doute pour observer les dispositions de la Mere, & pour obvier à tous ses soupçons. Je rentrai aussi-tôt, & l'ayant prévenue sur cette fâcheuse scene qu'elle ne pouvoit éviter, je lui recommandai de se rendre maitresse de toutes ses paroles & de tous ses sentimens. Je jugeai même à propos de ne pas m'éloigner d'elle, pour la fortifier par ma présence. Il entra d'un air aussi tranquille, que s'il n'eût eu à s'applaudir que de ses vertus. Je remarquai néanmoins, qu'il parut surpris de me trouver là. Il me connoissoit. Comme son unique but étoit d'ensevelir ses desordres, il se garda bien de s'expliquer devant moi. Il me pria, après quelques momens d'une conversation indiferente, de trouver bon qu'il entretînt Mally en particulier. Je fus obligée de me retirer dans le Cabinet. La crainte où j'étois qu'il ne lui arrachât son secret, & qu'il ne réussit de nouveau à la séduire, me fit prêter l'oreille avec une extrême attention. Il lui parla d'abord de son Fils, comme d'un Enfant admirable, pour lequel il avoit pris par inclination tous les sentimens paternels. Il lui fit un plan fabuleux de la situation avantageuse où il l'avoit placé ; & lorsqu'il crut en avoir dit assez pour satisfaire la tendresse d'une Mere, il prit un ton radouci, pour lui faire comprendre, que, tout résolu qu'il étoit de ne rien épargner dans la suite pour la fortune d'un Fils si cher, l'état présent de ses affaires ne lui permettoit pas si-tôt de se reconnoitre hautement pour son Pere ; qu'il faloit garder des ménagemens avec le Public ; que son affection n'en seroit que plus vive, étant renfermée dans les bornes du secret ; qu'il n'étoit pas même nécessaire qu'elle vît souvent son Fils ; qu'il pourroit lui donner quelquefois cette ſatisfaction ; & qu'elle devoit ſe repoſer pendant ce tems-là ſur la tendreſſe infinie qu'il avoit pour elle & pour lui. Mally ſe fit aſſez de violence pour le remercier de ſa bonté, & pour approuver toutes ſes propoſitions. Il crut s'être ainſi aſſuré d'elle à peu de frais ; & il la quitta, en riant ſans doute de ſa ſimplicité.

Eſt-il poſſible, dis-je à cette excellente Fille en la rejoignant, que vous ayez eu la force de ſoutenir cet horrible tiſſu de malice & d'impoſture ! Je n'en aurois pas été capable, moi, qui vous en ai donné le conſeil. J'aurois déviſagé un hypocrite, qui ſe joue impunément de la patience du Ciel, & de la droiture des hommes. Comment s'eſt-il pu faire, ajoutai-je. que vous ayez jamais eu quelque liaiſon de tendreſſe avec un homme d'un caractere ſi different du vôtre? Helas! les bons cœurs ne ſe rencontrent pas. Un honnête homme ſe trompera vingt fois dans le choix d'une femme ; tandis que ce qu'il y de plus aimable & de plus parfait dans notre ſexe, eſt la proye d'un hypocrite, & d'un ſcélérat. Je fis faire réflexion à Mally, que puiſque Cromwell étoit capable de pouſſer ſi loin l'artifice dans une affaire de cette nature, il ne faloit pas douter qu'il ne l'eût infiniment à cœur ; & que ſa fureur par conſéquent ne fût extrême contre moi, s'il venoit à découvrir que j'euſſe aidé à faire manquer ſon deſſein. Ce n'eſt pas, lui dis-je, que je veuille relever le ſervice que je ſuis prête à vous rendre ; mais vous trouverez bon, que, ſans relâcher rien de mon zéle, je prenne toutes les précautions que la ſageſſe demande. Si je réuſſis à tirer votre Fils de l'Hôpital, il faut que vous vous priviez du plaiſir de le voir, jusqu'à ce que je l'aye fait tranſporter en Devonshire. Je paſſerai encore quelque temps à Londres après ſon départ, & j'affecterai de vous éviter, comme si j'étois mal avec vous. Je prendrai ensuite le chemin de ma Terre, & vous pourrez m'y venir joindre secretement, quand vous le jugerez à propos. Elle se remit entierement sur moi de toute sa conduite. Je l'embrassai tendrement pour lui dire adieu, jusqu'au temps de la revoir en Province. Son cœur me parut si serré, que j'augurai mal de la conclusion de cette avanture. Je la quittai, les larmes aux yeux; comme si j'eusse pressenti que c'étoit pour la derniere fois que je lui parlois.

Je me rendis aussi-tôt à l'Hôpital. J'y entrai, comme si la seule curiosité m'y eût conduite. Je demandai la liberté de voir les Enfans, & je caressai les plus aimablès, pour arriver sans affectation au petit Bridge. Je le découvris enfin, dans un état qui me pénetra de pitié. Jallois le demander au Directeur : mais m'étant apperçu que cet homme, qui paroissoit fort grossier, m'avoit laissée seule au milieu de cette petite troupe, & qu'il n'y avoit que mon Valet avec moi dans la salle, j'expliquai en deux mots à celui-ci, l'esperance que je formai sur le champ d'enlever le petit Bridge sans être apperçue. Je lui dis de le conduire vers la porte; & s'il la trouvoit ouverte, de sortir avec lui, pour le mettre dans le carosse qui m'attendoit. Je demeurai encore un moment, pour m'assurer qu'il s'étoit échapé sans obstacle; & ne voyant paroitre personne, je pris aussi le chemin de la rue, d'où nous nous éloignames aussi-tôt fort heureusement. Ces sortes de lieux étoient alors en si mauvais ordre, & les Enfans y étoient gardés avec si peu de soin, que la facilité que j'eus à réussir n'a rien de surprenant. Je retournai directement chez moi. La fin du jour approchoit. Je ne laissai point de faire partir l'Enfant avant la nuit, avec le même Valet qui l'avoit enlevé; &

je donnai avis à ſa Mere, par un Billet, de l'heureuſe fin de mon entrepriſe.

Je demeurai quelques jours à Londres, ſans la voir, comme j'en étois convenu avec elle ; & lui ayant marqué par écrit le jour de mon départ, je me mis en chemin pour me rendre à ma Terre. Je m'attendois qu'elle ne tàrderoit point à me ſuivre. Mais à peine étois-je depuis trois jours en Devonshire, que je reçus une Lettre d'elle, par laquelle elle m'apprenoit les plus funeſtes nouvelles. Cromwell avoit été informé de l'enlevement de ſon Fils, ſans qu'elle pût me dire comment. Ne doutant point que le coup ne fût venu d'elle, il l'étoit allé trouver dans le premier mouvement de ſa colere ; & loin de continuer à garder des ménagemens, il l'avoit menacée des derniers effets de ſa haine, ſi elle refuſoit de remettre ſon Fils entre ſes mains. Elle s'étoit défendue d'abord, en proteſtant qu'elle ignoroit ce qu'il étoit devenu ; mais n'étant point aſſez ferme pour réſiſter long-temps à de telles inſtances, il avoit tiré d'elle l'aveu de tout ce qui s'étoit paſſé. Cette découverte l'avoit rendu furieux. Quoiqu'elle eût refuſé conſtamment de lui dire de quel ſecours elle s'étoit ſervie, il m'avoit ſoupçonné d'avoir eu part à ſon entrepriſe. Il l'avoit quitté en renouvellant ſes menaces ; &, par un attentat inoui dans un païs de liberté, il avoit laiſſé chez elle deux hommes armés pour la garder à vue, juſqu'à ce qu'il eût mis l'ordre qu'il ſouhaitoit dans cette affaire. Mally n'étoit point en état de ſe défendre de la violence. Elle demeuroit ſeule, avec une Fille qui la ſervoit. Elle s'étoit ainſi trouvée captive dans ſa propre maiſon, ſans pouvoir avertir même les voiſins de l'indignité avec laquelle on la traitoit. Mais ce n'étoit que le prélude des horreurs qu'elle alloit eſſuier. Les deux hommes ; à la garde deſquels Cromwell l'avoit confiée, étoient des ſcélérats, qui ne paſſerent point la nuit dans la chambre d'une ſi jolie femme, ſans former ſur elle des deſſeins dignes d'eux, & de leur Maître. Ils la deshonorerent, elle & ſa Servante ; & craignant ſans doute, après une telle action, le reſſentiment de Cromwell même, qu'ils ne croyoient peut-être pas auſſi méchant qu'eux, ils diſparurent au matin, pour éviter la punition. Mally, deſeſperée d'une ſi horrible disgrace, prit le parti de ſe donner la mort. Elle eut encore aſſez de force d'eſprit pour m'écrire le détail de ſon avanture, avant d'exécuter ſa funeſte réſolution ; & ſaiſiſſant le moment que ſa Servante étoit allée porter ſa Lettre à la Poſte, elle finit ſes malheurs & ſa vie, en s'étranglant avec ſa ceinture.

Quoiqu'elle me marquât dans ſa Lettre, que ſon deſſein étoit de mourir ; je m'imaginai que l'affection qu'elle avoit pour ſon Fils, l'attacheroit à la vie, malgré ſon deſeſpoir. Elle me le recommandoit d'une maniere ſi tendre, que je ne pouvois me figurer qu'elle ſe réſolût à mourir ſans l'embraſſer du moins encore une fois. Je m'attendois tous les jours de la voir arriver : mais je ne vis que ſa Servante, qui ſe rendit chez moi peu de tems après, & qui m'apprit les circonſtances tragiques, & les ſuites de la mort de ſa Maitreſſe.

Le deſſein de Cromwell, en la faiſant garder à vue, avoit été d'empêcher qu'elle ne me fit ſavoir que notre ſecret étoit venu à ſa connoiſſance. Il étoit allé chez moi après l'avoir quittée, dans l'eſperance apparemment de me gagner par ſes promeſſes, ou de me tromper par ſes artifices. Mais ayant appris que j'étois partie depuis quelques jours pour la Province, & s'étant aſſuré par diverſes informations que j'avois rompu depuis quelque tems tout commerce avec elle, il cessa de me soupçonner. Comme il étoit tard après ses recherches, & qu'il se reposoit sur ses deux Gardes, il remit à la voir au lendemain; de sorte qu'étant allé chez elle le matin, il arriva à sa maison au moment que la Servante y revenoit après avoir portée la Lettre de sa Maitresse à la Poste. Cette Fille, qui avoit eu sa part à l'infortune, & qui n'ignoroit pas que Cromwell en étoit la premiere cause, se mit à pleurer amerement à sa vue. Ce spectacle le surprit. Il apprit d'elle ce qui s'étoit passé. Il feignit de l'apprendre avec douleur, & s'étant pressée de monter à l'appartement de Mally pour la consoler, il eut sans doute un véritable étonnement de la trouver morte. Il empêcha la Servante de jetter des cris. Il s'efforça de la faire convenir, qu'il n'étoit point coupable d'un si malheureux évenement; il lui persuada qu'il étoit de leur interêt à l'un & à l'autre, de le tenir caché; &

pour lui fermer plus efficacement la bouche, il lui fit preſent d'une ſomme aſſez conſiderable pour une fille de cette ſorte. Mally fut donc enterrée ſecrettement, & cette triſte avanture n'a jamais été connue du Public. La Servante, qui n'ignoroit pas la tendre amitié que j'avois pour ſa Maitreſſe, prit auſſi-tôt le chemin de Devonshire, pour venir m'informer de ſon ſort. Elle n'étoit point dans la confidence de ce qui regardoit le petit Bridge. Cependant, après avoir reconnu ſon caractere, qui me parut diſcret & fidele, je jugeai qu'elle pourroit m'être utile pour élever cet Enfant. Elle fut charmée d'avoir cette occaſion de marquer la reconnoiſſance qu'elle conſervoit pour ſa chere Maitreſſe. Je la reçus au nombre de mes Domeſtiques, & je lui remis ſon Eleve entre les mains. Dans l'opinion que le péril étoit paſſé, je l'aurois laiſſée avec lui dans ma Terre, & je ſerois retournée à Londres; mais une Lettre que je reçus de ma famille, par laquelle on m'apprenoit que Cromwell m'étoit venu demander & qu'il s'étoit informé curieusement du lieu où j'étois, me fit changer de sentiment. Il commençoit à se rendre si puissant, que je ne doutai point qu'étant en état de tout oser impunément, il ne réussît dans le projet de me perdre, s'il le formoit ; & je connoissois si bien son caractere, que j'étois assurée qu'il le formeroit, s'il avoit le moindre soupçon du service que je rendois au petit Bridge, & de la part que j'avois eue à la ruïne de ses desseins. Incertaine au dernier point après cette réflexion, j'aurois peut-être eu peine à me déterminer, si je ne me fusse souvenu que j'avois chez moi dequoi finir toutes mes craintes. Ma maison de campagne est dans une situation extraordinaire. Elle est à l'extrêmité de la Province de Devonshire, qui est séparée de celle de Sommerset par des Montagnes d'une extrême

trême hauteur, dont la plupart consistent en un vaste rocher, qui paroit être tout d'une piece. Il y a néanmoins dans le fond d'une petite Vallée qui m'appartient, diverses ouvertures, qui donnent un accès souterrain jusqu'au centre de quelques-unes de ces Montagnes; de sorte que le lieu étant d'ailleurs inhabité, parce qu'il est stérile, il seroit difficile de trouver un endroit plus propre à servir d'asyle contre la violence & la persécution. Je résolus de choisir une de ces Cavernes obscures, pour y faire élever le petit Bridge. C'étoit un moyen de le mettre à couvert de toutes les recherches, & de prévenir moi-même ce que je pourrois appréhender de l'adresse de Cromwell à me faire observer, ou de la trahison de mes Domestiques. Je ne me défiois ni de la Servante de Mally, ni du Valet, qui m'avoit servi fidelement jusqu'alors. Je ne m'ouvris qu'à eux de mon dessein, & les ayant trouvé disposés à le ſuivre, j'ordonnai à *James* (c'étoit le nom de mon Valet) de porter ſecrement dans la partie la plus retirée de cette ſolitude, toutes les commodités qui pouvoient la rendre habitable. Il eut l'induſtrie d'y former en cinq ou ſix jours une petite chambre, où le néceſſaire du moins ne manquoit pas. J'eus la curioſité de la voir, & j'en fus ſi ſatisfaite, que n'ayant jamais trouvé beaucoup d'agrément dans la ſocieté des hommes, il ne tint preſque à rien que je ne priſſe le parti de m'y renfermer auſſi, & de me charger moi-même de l'éducation du petit Bridge. Cependant, comme il ne m'eût pas été facile d'y être avec autant de ſecret que j'en eſperois pour cet Enfant & ſa Gouvernante, je les mis tous deux pendant la nuit en poſſeſſion de leur domicile, & je laiſſai James dans ma maiſon, pour les viſiter de tems en tems, & leur porter les proviſions néceſſaires à la vie. Je me trouvai l'eſprit fort en repos après cet arrangement, & je repris tranquillement le chemin de Londres.

Connoiſſant, comme je faiſois, l'eſprit ardent & vindicatif de Cromwell, j'étois bien perſuadé qu'il auroit les yeux ſur mes démarches, dumoins pas ſes Agens & pas ſes Emiſſaires. J'aurois ceſſé de craindre après la mort de Mally Bridge, ſi j'euſſe eu à faire à tout autre qu'à lui. Sa haine devoit être enſevelie avec cette malheureuſe fille, & ſon hypocriſie ſembloit n'avoir plus rien de ce côté-là qui dût l'allarmer. Mais je ſçavois trop bien de quoi il étoit capable, pour m'endormir ſur de fauſſes apparences. J'avois pénetré dès ce temslà ſon caractere. Incapable de retour & de reconciliation, il ſuffit d'avoir eu une fois le malheur de lui être oppoſé, ou de lui déplaire, pour être éternellement l'objet de ſa haine. Tous ſes mouvemens ſont des paſſions violentes, dont l'effet eſt d'autant plus dangereux, que ſon adreſſe eſt extrême à les déguiſer. Je vécus donc dans une grande reſerve; j'affectai même de paroître ignorer l'infortune de Mally. Il chercha l'occaſion de me voir, & l'ayant eu plus d'une fois, je le vis attentif à obſerver mes yeux & ma contenance; mais il me trouva toujours en garde contre ſes regards & ſes queſtions captieuſes. Je crus que pour la défenſe de l'innocence, il m'étoit permis d'employer la diſſimulation; c'eſt-à-dire, les mêmes armes par leſquelles il cherchoit à l'opprimer.

Quelques années ſe paſſérent, pendant leſquelles il me parut entierement revenu de ſes ſoupçons. J'allois de tems en tems à ma Terre; je voyois croître avec plaiſir le petit Bridge. Quoique ſa Gouvernante ne fût pas capable de lui donner les inſtructions qui forment l'eſprit d'un jeune homme, elle le mit du moins en état de les recevoir d'un autre.

en lui apprenant de bonne heure à lire & à écrire. Je lui trouvai beaucoup de génie naturel. Il conçut du goût pour la lecture. La solitude continuelle où il étoit l'ayant rendu sérieux & recueïlli, il fit, avec le seul secours de ses livres & de ses refléxions, des progrès surprenans dans quantité de connoissances utiles. Il parut surpris, lorsque sa raison eut commencé à se former, de se voir confiné dans un affreuse caverne, loin du commerce & de la demeure des autres hommes. Il lui restoit un souvenir confus de ce qu'il avoit vu dans sa plus tendre enfance; & connoissant d'ailleurs par ses lectures, que le monde étoit peuplé d'habitans qui lui ressembloient, il demandoit souvent à sa Gouvernante & à moi, pourquoi nous le retenions dans un genre de vie si étrange. Je lui répondois que nous ne l'y tiendrions pas toujours; qu'il nous sçauroit bon gré de l'y avoir retenu, lorsque je lui en apprendrois un jour les raiſons ; & qu'elles étoient ſi fortes, qu'il falloit encore s'y ſoûmettre pendant quelque tems. Sa douceur naturelle, & l'habitude qu'il avoit formée de vivre ſolitairement, lui faiſoit ſouffrir cette contrainte avec patience. Cependant, lorſque je le crus aſſés fort pour ſe paſſer du ſecours de ſa Gouvernante, & aſſés raiſonnable pour cacher la maniere dont il avoit été élevé, je reſolus de le mettre dans un College, & de lui faire prendre des inſtructions régulieres. Je l'envoyai au celebre College d'Eaton, après lui avoir fait entendre qu'il avoit des ennemis redoutables, & que s'il s'aimoit lui-même, il ne devoit parler à perſonne de ſon ſéjour dans la caverne, parce que ſa vie dépendoit de ce ſecret. Effectivement, une avanture ſi extraordinaire ne pouvoit être connuë, ſans donner lieu à des réflexions qui ſerviroient à la faire divulguer. Cromwell devenoit plus puiſſant de jour en jour. Ses ambitieux deſſeins commençoient à éclore. Son hypocriſie étoit plus affectée que jamais ; & quoique je ne fuſſe point abſolument certaine qu'il en voulut à la vie du jeune Bridge, s'il venoit à le découvrir, c'étoit aſſés de connoître ce caractere inflexible, pour être aſſûré qu'il n'auroit jamais des ſentimens de pere pour un enfant qu'il avoit voulu perdre.

Nos troubles domeſtiques, & le renverſement du Roi Charles ayant ſuivi de près, Cromwell ſe vit en peu de tems au faîte de la grandeur. Le pouvoir abſolu dont il ſe mit en poſſeſſion, ne lui fit rien changer à ſon exterieur composé. Il entreprit de ſe faire paſſer pour le Réformateur de la Religion, des Mœurs, & de l'Etat. J'avois eſperé d'abord de voir arriver le contraire ; c'eſt-à-dire, que n'ayant plus rien à ménager après le ſuccès de tous ſes deſſeins, il leveroit le masque pour suivre ouvertement ses inclinations dereglées. J'avois même formé sur ce changement quelques esperances favorables pour le jeune Bridge ; mais je compris qu'une si damnable & si constante hypocrisie nous fermoit toute ressource. Je ne pensai plus qu'à procurer par mes propres soins un honnête établissement à ce malheureux jeune-homme, pour m'acquitter en amie fidele de ce que je croyois devoir à la mémoire de sa mere. Je le rappellai du College d'Eaton, après qu'il y eut passé quelques années ; & le trouvant assés formé pour ne lui plus faire un mystere de sa naissance & de l'état de sa fortune, je lui découvris tous ses malheurs, qu'il avoit ignoré jusqu'alors. L'effet que cette connoissance produisit sur lui, fut extrêmement contraire à mon attente. Il me demanda d'abord quelque tems pour réfléchir sur ce qu'il avoit entendu ; & m'étant revenu trouver

ver après deux jours de réfléxions, il me pria de lui raconter de nouveau toutes les circonstances de la mort de sa mere. Dans le fond, me dit-il lorsque je l'eus satisfait, je ne vois rien dans votre récit qui puisse être une preuve que mon Pere ait souhaité ma mort, & qu'il ait contribué à celle de ma Mere. Il vouloit ménager sa réputation, en me faisant élever à l'Hôpital. Peut-être se proposoit-il de m'en tirer dans la suite, & de faire quelque chose pour ma fortune. Pour ce qui regarde ma Mere, il n'est pas croyable qu'il ait eu part au crime des deux scélérats à la garde desquels il l'avoit laissée, ni qu'il les eût employés s'il les eût cru capables de cette infamie. Je ne puis donc m'imaginer, ajoûta-t-il, que mon Pere me haïsse, ni qu'il ait des desseins contre ma vie. Je veux le voir, & lui déclarer que je suis son fils. Je lui promettrai de tenir ma naissance cachée, si ses affaires ne lui permettent point de me reconnoître; mais je ne me persuaderai jamais qu'il puisse se croire offensé des respects d'un fils, ni qu'il refuse de m'accorder dequoi vivre, & dequoi m'employer d'une maniere convenable à l'honneur que j'ai de lui appartenir. En un mot, Bridge avoit de l'ambition. La qualité de fils d'un homme tel que Cromwell l'avoit aveuglé, & son peu d'expérience ne lui permettant point d'appercevoir le danger, il résolut d'aller à Londres, malgré tous mes avertissemens & mes conseils. Je fis mille efforts pendant huit jours pour lui faire perdre cette pensée : son obstination lui fit compter pour rien toutes mes craintes.

Je plaignis son sort, car je prévis tous les malheurs qui le menaçoient. Je ne le vis partir qu'avec larmes. Je lui donnai James pour l'accompagner, & je le fis souvenir en le quittant, que c'étoit contre mes desirs & mes sentimens, qu'il alloit s'expoſer au péril. Je lui avois offert de lui tenir moi-même compagnie. Je lui aurois procuré du moins quelque Protecteur puiſſant, qui lui auroit rendu les accès plus faciles, & Cromwell auroit peut-être eu honte de ſe porter à la violence contre ſon fils, s'il eût eu quelque témoin de ſes démarches. Mais c'étoit en cela même que Bridge s'écartoit de mes idées. Le principal fond de ſes eſperances étoit le ſecret avec lequel il prétendoit ſe préſenter à ſon Pere. Ma préſence le touchera infailliblement, diſoit-il, & il ne fera point difficulté de ſe rendre aux mouvemens de la nature, lorſque je l'aſſûrerai de ma diſcretion, & qu'il verra qu'il ne ſçauroit courir de riſque à les ſuivre. Enfin, Bridge partit, & me laiſſa dans une inquiétude, dont je ne ſortis huit jours après, que pour paſſer à des ſentimens beaucoup plus triſtes. Ce fut James qui m'apporta la nouvelle de ſon mauvais ſort. Malgré l'obſcurité de ſa relation, il m'en apprit aſſés pour me rendre preſque certaine que Bridge n'a point eu une plus heureuſe fin que ſa Mere. A peine fut-il arrivé à Londres, que ſon impatience le fit aller chés ſon Pere. Il demanda d'être introduit, ſans ménagement. James l'avoit ſuivi juſqu'à la porte. Il l'en vit ſortir au milieu de cinq ou ſix Gardes, qui le conduiſirent dans une des plus étroites priſons de la ville. Perſonne n'a ſçu de quelle maniere il à été traité, tant la crainte qu'on a de Cromwell inſpire de fidelité & de diſcretion à ſes Satellites. James ſe préſenta quantité de fois à la porte de ſa priſon; mais il n'obtint ni la liberté de lui parler, ni même aucun éclairciſſement poſitif ſur ſon ſort. Il ſe hâta de venir m'en informer. Je fus ſaiſie mortellement de cette nouvelle, & je volai à Londres, pour y être de quelque ſecours au malheureux fils de ma pauvre amie. Je me tranſportai auſſi-tôt à ſa priſon. Je parlai aux Concierges, que je tâchai de fléchir par mes prieres, & par l'offre de mes présens, non pour obtenir sa liberté, ou la satisfaction de le voir; mais pour être instruite au moins du lieu & de l'état où il étoit. Je perdis absolument mes peines. Je tirai pour unique réponse de ces barbares, qu'il ne leur étoit point permis de réveler les ordres de leur maître, ni la sentence des prisonniers. Je suis persuadée que celle de l'infortuné Bridge a été cruelle. J'en ai des preuves trop certaines, dans la connoissance que j'ai du cœur impitoyable de son pere. Voilà les chemins par lesquels ce Tyran va à la gloire. Après avoir versé le sang de son Roi, pour satisfaire son ambition, il pouvoit bien répandre celui de son fils, pour assûrer l'opinion de sa continence, & la sainteté de ses mœurs.

Craignés donc sa cruauté & ses artifices, reprit Madame Riding, après avoir achevé son récit. Je ne vous ai raconté cette Histoire, que pour faire appercevoir dans le malheur d'autrui, le péril où vous êtes. Je conçois, ajouta-t'elle, quel a été le dessein de Fairfax, en vous parlant de Mally Bridge & de son Fils comme de deux personnes vivantes, & en vous disant que Cromwell a reçu ce matin leur visite. C'étoit sans doute pour s'assûrer que vous n'aviés nulle connoissance de leur sort, & qu'il en auroit par conséquent plus de facilité à vous tromper. Je pénetre de même pourquoi Cromwell, en refusant de reconnoître votre Fils dans la premiere audience, s'est contenté de vous défendre sous de rigoureuses peines, de vous vanter de l'avoir eu de lui. Comptés que vous ne seriés point sortie de son Hôtel, s'il eût cru pouvoir vous faire arrêter sans éclat. Mais craignant apparemment que le bruit d'une femme & d'un jeune homme arrêtés de cette sorte ne servît à faire découvrir ce qu'il a tant à cœur de cacher, il a pris le parti de ſe défaire de vous par des voyes plus propres à ſes deſſeins. Croyés-vous que ce ſoit le hazard qui ait conduit Fairfax un moment après ſur vos pas? Il eſt viſible qu'il vous ſuivoit par ordre de Cromwell, après avoir concerté avec lui le diſcours qu'il vous a tenu. C'eſt un mouvement du Ciel qui vous a conduit chés moi pour recevoir les importantes lumieres que je viens de vous donner. Profités-en auſſi heureuſement que je le ſouhaite, & tâchés, s'il eſt poſſible, de ne point me commettre.

Un ſervice de cette importance valoit bien les vifs remercimens que ma Mere en fit à Madame Riding. Vous êtes notre genie tutelaire, lui répondit-elle. Je vois toute la profondeur du précipice : nous étions ſur le bord, & j'avouë que c'eſt par mon imprudence que nous y allions tomber. Mais après nous avoir fait connoître le péril, il faut encore que votre amitié nous le fasse éviter. Notre salut sera votre ouvrage. Mon Dieu! ajouta-t-elle dans le saisissement que tant de craintes lui causoient, est-ce là le fruit de l'innocence avec laquelle j'ai vêcu depuis quinze ans? Et si mes anciennes fautes méritent encore d'être punies avec cette rigueur, que vous a fait du moins mon malheureux Fils? Pour moi, qui ne trouvois en effet rien que de vertueux dans mes idées & mes sentimens, je ne pouvois comprendre qu'un homme pût être aussi méchant qu'on me représentoit mon Pere. Je repassois avec attention ce que je venois d'entendre, je le joignois à tout ce que j'avois appris auparavant, & je me demandois pourquoi l'on nous recommande si instamment l'amour & la pratique de la vertu, puisqu'il y a si peu à gagner avec elle, & que toutes les faveurs de la fortune sont réservées pour le crime. Enfin, ma Mere ayant prié Madame

Riding de nous ouvrir quelque voye de ſalut, cette amie zelée nous dit naturellement, qu'elle ne voyoit nulle ſureté pour nous à refuſer la propoſition de mon Pere, & qu'elle en voyoit encore moins à l'accepter; qu'il lui paroiſſoit que le ſeul moyen de conſervation qui nous reſtât, étoit de quitter le Royaume, ou de nous procurer une retraite ſi impénétrable, qu'elle pût nous dérober à nos perſécuteurs; que l'une & l'autre de ces deux voyes avoient encore leurs difficultés, parce qu'il ne falloit point douter que nous ne fuſſions obſervés; mais qu'il falloit attendre quelque choſe du ſecours du Ciel, qui n'abandonne jamais entierement l'innocence. Je pris la parole. Quelle retraite plus ſûre pouvons nous chercher, dis-je à Madame Riding, que cette Grotte écartée où vous avés eu la généroſité de faire élever mon Frere? Je me ſens de l'inclination pour une telle demeure. J'y paſſerai toute ma vie ; car si tous les hommes sont faits comme mon Pere, il n'y a point de solitude si obscure que je ne préfere au commerce de cette miserable race. Ma Mere goûta tout d'un coup cette pensée ; c'étoit un moyen court d'éviter le plus pressant de tous les périls. Elle en fit sérieusement la proposition à Madame Riding. L'accord fut conclu en un instant ; & de peur de nous exposer par le moindre délai, nous primes la résolution de ne pas differer un moment à l'éxecuter. Madame Riding nous conseilla elle-même de ne pas retourner à Hammersmith. Elle nous promit de prendre soin de nos meubles, & de les faire mettre en sûreté par des personnes fideles. Elle nous donna James, qui nous fit trouver sur le champ une voiture, & qui prit avec nous le chemin de Devonshire. Nous y arrivames heureusement. James nous conduisit droit à la Caverne, sans nous être laissés voir de personne. Nous y entrames avec une espece d'horreur, car la disposition naturelle du lieu ne pouvoit manquer de nous en inspirer; mais je sentois encore plus de joie de me voir à couvert non seulement de tous les traits de la haine de mon Pere, mais des regards même du reste des hommes. Je commençai à les regarder comme autant de persécuteurs & d'ennemis. Nous reglames avec James le tems qu'il prendroit pour nous rendre ses services, & pour nous apporter notre nourriture. Il employa les premiers jours à meubler assez proprement notre chambre, & à nous procurer toutes les commodités que la maison de Madame Riding pouvoit nous fournir. Il les transportoit pendant la nuit. La plus abondante de nos provisions fut celle de bougies & de livres. le Soleil ne pénetroit jamais dans notre demeure, nous avions besoin d'être éclairés continuellement par la lumiere d'une bougie.

Graces à un reste de bonne fortune, dis je à ma Mere, la terre nous ouvre son sein, pour nous dérober à la malignité des hommes. Son affliction étoit plus vive que la mienne. Elle me répondit : Helas ! quand me l'ouvrira-t-elle, pour me recevoir dans mon dernier azyle ? Il manque quelque chose à la faveur qu'elle nous fait. Elle nous a ouvert son sein : que ne le fermoit-elle au même moment, pour nous servir de tombeau? J'entrepris de la consoler. Ce n'est pas la vie, lui dis-je, qu'il faut haïr, je l'ai appris de vous-même : ce ne sont que les miseres ausquelles elle nous expose. La condition des hommes ne seroit point à plaindre, s'ils sçavoient tirer parti de tout ce qui peut être utile à leur felicité. Ils se rendent malheureux volontairement par leurs injustices mutuelles, leurs jalousies, leurs haines, & tous les autres mouvemens déreglés de leur ame. Supposés des hommes sans pasſions ſur la terre, vous aurés une ſocieté de perſonnes heureuſes. A quoi tient-il donc que nous ne puiſſions l'être ici, nous qui n'y trouverons nul obſtacle, & qui pourrons employer ſans ceſſe les moyens ſimples & innocens que la nature nous offre pour le devenir? La conſideration des principes éternels de la vérité & de la vertu, nos réflexions, le plaiſir de les écrire ou de nous les communiquer, n'eſt ce pas là une ſource de bonheur que nous portons avec nous-mêmes, & qui ne dépend ni des hommes que nous avons quittés, ni de la fortune dont nous n'appréhendons point ici les caprices? L'obſcurité même de notre demeure peut aider à la tranquillité de notre ame. Notre imagination n'aura rien de tumultueux à ſe préſenter. Nous n'aurons point à craindre les mouvemens involontaires qu'excite la préſence des objets, puiſque nous n'appercevrons rien dans nos épaiſſes ténebres, &

nous ſçaurons nous rendre aſſez maîtres de nous-mêmes, pour ne pas former volontairement d'inutiles deſirs. Ces ſeules idées me font goûter déja par avance une partie du bonheur que j'eſpere. Je ſuis perſuadé, ajoûtai-je, que ma chere Mere trouvera bien d'autres reſſources dans ſa ſageſſe & dans ſa vertu, elle de qui je tiens cette legere portion de l'une & de l'autre, qui va me faire trouver tant de douceur dans la ſolitude.

Ma Mere parut écouter ce diſcours avec plaiſir. Elle me répondit qu'elle ſentoit une vive joye de me voir entrer ainſi dans ſes idées, & répondre ſi fidelement à ſes eſperances. Je n'avois fait que répéter effectivement ce que je lui avois entendu dire mille fois à Hammerſmith. Mais elle me fit conſiderer, que ſa ſituation & la mienne étoient tout à fait differentes. Je penſe comme vous, me dit-elle; j'ai les mêmes notions de bonheur & de ſageſſe; je regarde de même œil les foles agitations des hommes, & les obſtacles qu'ils mettent volontairement à leur repos. Le trouble continuel de leur cœur eſt leur propre ouvrage; la nature ne les a pas fait pour être malheureux: ils ſe plaignent d'elle injuſtement. Que ne ſuivent-ils ſon innocente direction? Elle les mettroit dans une voye ſimple, qu'il leur ſeroit doux & aiſé de ſuivre toûjours, & qu'ils ſuivroient ſans s'égarer. Cependant il faut confeſſer, que s'il eſt facile de mener une vie tranquille & heureuſe en ſuivant la nature, c'eſt lorſqu'elle n'a point encore été alterée par les paſſions. Cette réflexion, ajoûta-t-elle, me regarde, & elle vous fera appercevoir la difference qui eſt réellement entre vous & moi. Vous êtes jeune; vous avés été élevé dans le repos d'un profonde ſolitude; votre cœur n'a jamais ſenti de violente paſſion, & votre cerveau n'a jamais reçu de traces qui ayent pu faire une impreſſion trop forte ſur votre ame. Ainſi les principes de l'innocence naturelle ſubſiſtant encore chez vous dans leur integrité, tous vos deſirs ſont droits, & vous ne ſentés rien dans vous-même qui s'oppoſe à leur éxecution. Ajoûtés le ſoin que j'ai pris de vous inſpirer de bonne heure les plus ſaines idées de la vertu, & de fortifier ainſi la nature par le ſecours de l'éducation. Si le bonheur & la paix étoient difficiles à acquerir à un cœur comme le vôtre, ce ſeroit alors qu'il faudroit les regarder commes des chymeres & des impoſſibilités.

Voyés maintenant, combien je ſuis éloignée de trouver dans moi-même de ſi favorables diſpoſitions. J'aiété pendant long-tems la proye de mille paſſions animées, j'ai ſuivi le torrent du monde & de ſes maximes les plus corrompuës. Ce fut un coup de deſeſpoir, plûtôt qu'une réſolution déliberée, qui me conduiſit à

Ham-

Hammerſmith ; & ſi j'y formai preſqu'auſſi-tôt le plan d'une vie plus reglée, ce fut moins par un penchant naturel, que par l'effet d'une heureuſe néceſſité. Je fis réflexion, que n'ayant plus rien à attendre du monde, il falloit me former de nouveaux goûts, & chercher ailleurs les plaiſirs qu'il me refuſoit. Le Ciel me fit luire un rayon de ſa lumiere : je vis clair au fond de mon cœur ; j'y découvris quelques veſtiges de ces mêmes biens que vous poſſedez, des reſtes de droiture & du goût pour la vertu & la verité ; mais des reſtes ſi foibles & ſi défigurés, qu'en comparant ce qu'ils étoient avec ce qu'ils avoient dû être, je m'affligeai vivement d'avoir laiſſé corrompre de ſi riches préſens de la nature. Je reconnus donc mes pertes, & je réſolus de les réparer. Mais, quelle entrepriſe ! Et combien de peines ne ſentis-je pas qu'elle m'alloit coûter ! Que de combats contre une multitude de vicieuſes inclinations, qu'un long oubli de moi-même avoit laiſſé naître, & qui avoient répandu dans toutes les parties de mon ame leur pernicieuſe ſemence! Que de lectures! que de réflexions! que d'aſſiduités! Et après tant d'efforts renouvellés ſans ceſſe, & ſoutenus conſtamment, que de difficultés à obtenir une imparfaite victoire! Cependant je me flatois de l'avoir obtenuë. J'avois acquis aſſés de Philoſophie, non ſeulement pour y trouver le remede de mes miſeres paſſées; mais aſſés, comme je m'imaginois, pour fournir à tous les beſoins de l'avenir. Mes jours ſe paſſoient à Hammerſmith, vous ſçavés avec quelle tranquillité. Helas! j'étois heureuſe, ſi elle eût duré toûjours. Mais je confeſſe que nos derniers malheurs m'ont fait perdre quelque choſe de ma conſtance. Je ne trouve point dans mon cœur cette paix, que je vois regner dans le vôtre. Le ſouvenir du paſſé ſe renouvelle à chaque inſtant dans ma mémoire ; & ſi j'ai peut-être aſſés de force pour le ſupporter encore comme j'ai fait depuis quinze ans, je crains d'en manquer lorſqu'il ſe joint au ſentiment de mes nouvelles peines. Ainſi je ſouhaite la mort avec raiſon : non que je haïſſe la vie qui eſt un préſent du Ciel ; mais parce que j'appréhende que tant de douleurs, qui vont y être attachées, ne me la rendent inſupportable.

Elles diminuëront, repris-je, & vous les verrés s'évanoüir peu à peu. Au contraire, la ſageſſe & la vertu croiſſent inceſſamment. Il me ſemble par cette raiſon, ajoûtai-je, qu'une ame ſage & vertueuſe ne ſçauroit être long-tems malheureuſe. Elle a deux reſſources infaillibles ; la nature des peines, qui eſt de s'affoiblir inſenſiblement d'elles-mêmes, & celle des remedes de la ſageſſe, dont la force & l'efficacité s'augmentent à tout moment. D'ailleurs, si la tendresse & la compassion d'un Fils ont quelque douceur pour le cœur d'une Mere, je ne serai pas tout-à-fait inutile à votre consolation. J'ai un Pere; mais c'est un cruel. Toute l'affection que je lui devois, se réünit à celle que j'ai pour vous. Quelles peines pourrés-vous sentir, que je ne partage avec toute l'ardeur & la tendresse de mon ame?

Malgré la force de son esprit, & mes consolations continuelles, ma chere Mere ne fit que traîner pendant quelques années une vie triste & languissante. Madame Riding vint exprès dans sa Terre pour nous voir, & trouvant son Amie extrêmément changée, elle la pria de sortir de notre Caverne, pour se remettre en prenant l'air au dehors. Elle ne put l'y faire consentir. Il n'y a pas d'apparence, répondit-elle, que je courusse à présent beaucoup de risque à paroître; car il n'est pas croyable que Cromwell pense encore à me faire chercher. Mais quelle raiſon aurois-je de retourner au jour? Je n'y ai nulle douceur à eſperer. Il faudra faire de nouvelles connoiſſances, & mener une vie pour laquelle je n'ai point d'inclination; ou ſi j'y vais pour fuir encore le commerce des hommes, je n'y réüſſirai jamais auſſi facilement que dans cette Grotte obſcure. Je trouve ici les ſeules choſes que j'aime, continua-t-elle en s'adreſſant à Madame Riding; la préſence de mon Fils, des livres, mes réflexions, & le plaiſir de vous entretenir quelquefois. Si j'ai quelque choſe de plus à deſirer, je ſuis trop mal avec la fortune pour l'obtenir. Laiſſés-moi donc finir ici ma vie. Je ſuis déja à demi enſevelie; j'en aurai moins de chemin à faire juſqu'à mon tombeau. Madame Riding combattit inutilement ſa réſolution. Pour moi qui connoiſſoit ſes principes, je n'entrepris point de lui faire rien changer à ſes idées. Je me contentai de lui rendre, jusqu'à la fin de sa vie, tous les devoirs d'un Fils tendre & respectueux. Sa mort arriva deux ans après. Elle me renouvella ses instructions en mourant. C'est le seul bien, me dit-elle un moment avant que d'expirer, qu'il m'est permis de vous laisser pour héritage; mais vous êtes assez riche, si vous ne perdés jamais l'amour que j'ai tâché de vous inspirer pour la vertu. Ne regrettés point la fortune, que votre naissance sembloit vous promettre; plaignés seulement la dureté de votre Pere, qui vous en prive injustement. Ce qui fait son crime, a causé votre bonheur & le mien; car je vois à votre tranquilité, que vous êtes heureux; & malgré l'abattement où vous m'avés vuë depuis notre derniere infortune, je vous assûre qu'il n'y a point de lieu au monde où j'eusse pu trouver plus de satisfaction que dans cette Caverne. Adieu, ajoûta-t-elle d'une voix mourante. Je veux être enterrée ici.

N'en ſortés qu'après la mort de votre Pere. Elle expira. Je n'avois que James avec moi ; il me prêta les mains pour l'enſevelir. Je lui fis ouvrir une foſſe dans la chambre même où nous faiſions notre demeure, pour continuer à vivre auprès d'elle, & à l'avoir en quelque ſorte pour témoin de toutes mes actions & de tous mes ſentimens. Je renvoyai James, avec ordre de marquer cette triſte nouvelle à Madame Riding, qui étoit retournée à Londres quinze jours auparavant.

Quelque fermeté que j'euſſe fait paroitre en perdant cette incomparable Mere, la Nature eut ſes droits. Je ne fus pas plutôt ſeul, que je verſai une abondance de larmes. Je ne me les reprochai point comme une foibleſſe. Tous les ſentimens, qui ſe diviſent dans une famille nombreuſe parce qu'on en eſt redevable d'une partie à tous ſes proches, je les réuniſſois dans la perſonne de ma chere

Mere, qui me tenoit ſeule lieu de famille. Notre affection n'étoit pas moins cimentée par la force du ſang, que par la conformité de nos goûts & de nos inclinations ; & de la maniere dont elle m'avoit accoûtumé à conſiderer les choſes, la vie que j'avois reçue d'elle n'étoit pas le plus précieux de ſes bienfaits. Je trouvai donc, dans ma Philoſophie même, des raiſons de la pleurer. Mais lorſqu'après ces premieres réflexions, qui tomboient toutes ſur elle, je vins à tourner les yeux ſur l'état où elle me laiſſoit par ſa mort, ſi je ne continuai point à verſer des pleurs de compaſſion ſur moi-même, je me trouvai du moins dans un embarras qui ne me fut pas facile à terminer. Quelques douceurs que j'euſſe goûté juſqu'alors dans ma retraite, une eſpece de tremblement, que j'éprouvai en réfléchiſſant que j'y étois ſeul, me fit ſentir que j'en avois dû la meilleure partie à la compagnie de ma

Mere.

Mere. J'étois obligé d'y demeurer, ne fût-ce que pour obeïr à ses dernieres volontés. Où serois-je allé, d'ailleurs, moi qui étois destitué de Parens, d'Amis, & même de connoissances; car je n'en avois point d'autre au monde que Madame Riding. Il ne m'étoit pas arrivé, dans toute ma vie, de parler à une autre personne que cette Dame : je dois ajoûter néanmoins James & une Fille qui nous servoit à Hammersmith. Je ne me lassois point de la solitude. Je ne desirois pas non plus de la quitter. Mais il m'auroit fallu, pour continuer à la trouver douce, une personne de mon humeur, qui eût pris la place de ma Mere, & qui fût entrée dans mes idées & mes inclinations, comme j'avois fait dans les siennes. Je sentis qu'il me seroit impossible de vivre sans cette consolation. En sondant ainsi mon cœur, j'eus lieu d'observer que je haïssois moins les hommes que je ne l'avois cru jusqu'alors, ou du moins, que ma haine ne tomboit que ſur leurs défauts, puiſque j'étois diſpoſé à en chérir un qui eût aimé autant que moi la Vertu. J'en eus meilleure opinion de mon caractere; car je dois confeſſer qu'il m'étoit arrivé plus d'une fois, en réfléchiſſant ſur mes ſentimens, d'être affligé moi-même de m'en trouver quelques-uns qui ne s'accordoient pas avec cette douceur & cette humanité qui doit être le fruit de la véritable Philoſophie, & dont j'admirois divers traits dans mes lectures. J'avois été effrayé, par exemple, de me trouver une haine ſi endurcie contre mon Pere, que je n'euſſe pas conſenti même à recevoir de lui des faveurs. Je commençai à me perſuader que ſi je le haïſſois, c'étoit ſa faute plus que la mienne, & je trouvai, en démêlant encore mieux mes mouvemens, que je fuſſe revenu ſans peine à l'aimer, s'il eût pu revenir lui-même aux régles de la Probité & de la Vertu. Je ne ſaurois exprimer combien cette découverte me causa de satisfaction. Non, non, m'écriai-je, je ne suis point un monstre qui déteste les créatures de mon espece. J'aime les hommes. Je suis sensible comme eux aux douceurs de la Societé : j'y veux seulement de la droiture & de la vertu ; & je promets toute mon estime, & ma tendresse même, à ceux dans lesquels j'appercevrai ces qualités. O Ciel ! ajoutai-je, ne me feras-tu pas rencontrer quelques Amis vertueux & fideles, qui puissent être les dépositaires des sentimens de mon cœur ? Je ne t'en demande qu'un ; mais un, tel qu'il me semble que tu m'as fait ; tendre, sincere, généreux, avec un peu de discernement & de goût pour les belles & utiles connoissances. En quelque endroit du Monde qu'il se trouve, je vole vers lui, au moment que tu me le fais découvrir.

Je m'entretins de ces pensées pendant plusieurs jours, & je ne tardai point à m'apercevoir que je n'étois point né abſolument pour vivre ſeul. Je ne me ſentois pas de goût, néanmoins, pour la multitude : l'idée au contraire m'en paroiſſoit effrayante ; & je ſuis perſuadé que ſi dans ce tems où je n'avois encore vu qu'un ſi petit nombre d'hommes, il m'étoit arrivé de me trouver tranſporté tout d'un coup au milieu d'une foule nombreuſe, je me ſerois évanouï de frayeur & de ſaiſiſſement. C'eſt ce qui avoit failli de m'arriver dans les rues de Londres, l'unique fois que j'y étois allé avec ma Mere. On verra pourtant dans la ſuite, que la timidité n'a jamais été un de mes défauts ; c'en étoit bien une preuve, que d'oſer demeurer ſolitairement, comme je faiſois, dans une des plus affreuſes Cavernes qu'on puiſſe s'imaginer. Ma Mere étoit ſi peu curieuſe, & ſon indifference m'en inſpiroit tant auſſi, que nous n'avions jamais eu la penſée d'examiner les détours & les cavités immenſes de notre demeure. J'en formai le deſſein, lorſque je me trouvai ſeul. Ce lieu ténebreux eſt appellé *Rumney-hole* par les habitans du Païs. Les environs ſont déſerts. On en trouve l'ouverture dans le fond d'une Vallée ſi étroite, qu'elle eſt remplie preſqu'entierement par un Ruiſſeau qui ſort du pied de la Montagne à côté de l'entrée de la Caverne. On n'en a point encore découvert la ſource, quoiqu'on puiſſe ſuivre ſon lit aſſez loin dans le ſein de la Montagne. Le Roc, qui ſert de voûte naturelle, s'abaiſſe quelquefois ſi proche de la Terre, & les bords du Ruiſſeau ſont ſi eſcarpés dans ces endroits, qu'on ne ſauroit pénetrer plus avant ſans s'expoſer à un péril manifeſte. Mais le ſouterrain eſt ſi vaſte & ſi exhauſſé à droite & à gauche, qu'on ne ceſſe point d'admirer la Nature, qui a formé, l'on ne ſait pour quel uſage, des Salles immenſes qu'on ſe laſſe à parcourir. La Caverne se retiroit néanmoins en certains lieux. On y trouve des especes de Sallons & de Cabinets ; les uns servent de communication à d'autres Salles de la grandeur des premieres ; d'autres n'ont point de seconde ouverture après leur entrée. C'en étoit un de la derniere espece, que James avoit rendu propre à être habité. Il étoit dans une des parties les plus reculées de ce lieu souterrain ; de sorte que l'air extérieur ne pouvant s'y communiquer facilement, nous y étions comme dans un Printems perpétuel. Un jour, en visitant quelques endroits profonds qui m'avoient frappé plus que les autres, j'apperçus, à la clarté d'une bougie que je tenois à la main, quelques caracteres gravés sur le Roc. La curiosité me fit approcher pour les lire ; ils composoient ces mots :

Si la fortune amene après moi dans ces lieux quelque malheureux pour chercher un asyle, qu'il se console en appre-

nant que ses maux ne sauroient égaler ceux que j'y souffre, ni ses larmes celles que je verse incessamment. Ainsi l'a voulu le Ciel, qui regle nos destinées par des jugemens d'une profondeur infinie.

Cette Inscription mélancolique me fit faire quantité de réflexions. Je ne doutai d'abord nullement qu'elle ne fût de la main de Bridge, qui avoit eu d'assez fortes raisons de se plaindre de la Fortune, pour s'imaginer qu'elle n'avoit jamais traité personne avec plus de rigueur que lui. Cependant, m'étant souvenu, que suivant le récit de Madame Riding, il n'avoit commencé à connoître ses malheurs qu'aprés son retour du College d'Eaton, je ne trouvai nulle apparence qu'il eût pu s'affliger à cet excès, dans un tems où il ignoroit entierement son sort, & dans l'âge d'ailleurs le plus voisin de l'enfance. Il n'y avoit point de contradiction, à penser qu'elle étoit d'un autre que lui. La Caverne de Rumney-hole n'est pas un lieu inconnu, quoiqu'elle ſoit dans un quartier déſert : il pouvoit être arrivé à quelqu'un de s'y retirer avant nous ; car les perſonnes malheureuſes ſe rencontrent aſſez ordinairement dans leurs idées. Je n'y trouvois qu'une difficulté ; c'eſt que les caracteres paroiſſoient tracès nouvellement, & ſupputant, comme je faiſois, le tems qu'avoit duré la ſolitude de Bridge & la mienne, je ne pouvois accorder une empreinte ſi fraiche, avec un ſi grand nombre d'années. En raiſonnant ainſi, je continuois de marcher, & j'obſervois de tous côtés ſi je n'appercevrois point quelque autre Inſcription qui pût m'éclaircir d'avantage. L'attention que j'y apportois, me fit perdre celle que j'avois eue juſqu'alors à reconnoitre exactement les lieux par où je paſſois, dans la crainte de m'égarer à mon retour ; deſorte que penſant reprendre le chemin de ma demeure, aprés une longue & inutile recherche, je me trouvai dans le dernier embarras pour démêler celui par lequel j'étois venu. J'invoquai le secours du Ciel, qui pouvoit ſeul me tirer de ce Labyrinthe. Je pris ſucceſſivement pluſieurs routes : les unes n'aboutiſſoient à rien ; & ne trouvant nul paſſage, j'étois obligé de retourner ſur mes pas : les autres ne faiſoient qu'augmenter ma peine, parce que ſe partageant en diverſes branches, j'étois à tout moment dans la néceſſité de tenir un nouveau conſeil pour déliberer ſur celle qu'il falloit ſuivre. Pour comble de malheur, la bougie que j'avois apportée approchoit de ſa fin. Elle m'étoit neanmoins ſi néceſſaire dans ces épaiſſes ténebres, que j'étois perdu ſans reſſource ſi elle venoit à me manquer tout à fait. Je ſentois la grandeur du péril, & j'avoue que, quelque peu d'attachement que j'euſſe pour la vie, je ne pouvois me conſoler d'être réduit à la finir d'une maniere ſi triſte.

Enfin, j'eus le malheur de voir expirer la lumiere de ma bougie. Je perdis aussi-tôt l'esperance. Je m'arrêtai, autant par la foiblesse qu'une excessive frayeur me causa tout d'un coup, que par l'impuissance de me conduire dans une telle obscurité. Je m'assis à terre : tous mes sentimens, sans doute, étoient tristes & douloureux ; mais je n'en eus pas de violens, comme il arrive dans le désespoir. Je me remis même peu à peu de l'effroi où j'avois été d'abord, & rappellant tous les principes de constance que la Philosophie peut fournir, je me disposai à la mort avec une résignation parfaite. Je ne passai gueres moins de vingt-quatre heures dans cette situation, & ce qui est le plus surprenant, j'en employai une partie à dormir d'un sommeil tranquille.

Un pouvoir plus réel que la Fortune veilloit pendant ce tems-là à ma conservation : ce fut lui, sans doute, qui me fit tomber ainsi dans l'assoupisſement du ſommeil, pour prévenir les funeſtes idées dont je n'aurois peut-être pas été capable de me défendre juſqu'à la fin. Je m'éveillai. J'éprouvai à mon réveil quelque choſe de ſemblable aux ſentimens que j'avois eu avant que de m'endormir, c'eſt à dire, d'abord une vive frayeur, & peu à peu un renouvellement de conſtance & de force contre les approches de la mort. Je ſuis, diſois-je, un véritable Enfant de la Terre : je ſuis ſorti de ſon ſein, j'y ai vécu, & je m'y trouve en mourant. Qu'elle m'y retienne donc, & que je n'en ſorte jamais ! Un bruit confus, que j'entendis tout d'un coup, me fit ſortir de ces réflexions. Je prêtai l'oreille. Ce n'étoit d'abord qu'un retentiſſement de la Caverne. Je ne ſavois à quoi l'attribuer. Mais le ſon étant devenu plus diſtinct, je crus entendre le pas d'une perſonne qui marchoit. Je me levai, & ſans me donner le tems de faire plus d'attention, je courus avec une viteſſe incroyable, & comme par le mouvement qui fait tendre la Nature à ſa conſervation, vers l'endroit d'où le bruit ſembloit partir. Heureuſement, le terrain étoit uni, & mes pieds ne trouvoient point d'obſtacle. Je tenois les mains levées devant moi en courant, pour éviter la rencontre du Roc. Après m'être ainſi avancé environ cent pas, je m'imaginai découvrir un peu de lumiere. La Caverne alloit en tournant Je ſuivis ce rayon d'eſperance, qui me ſembloit croître de plus en plus. La clarté devint enfin aſſez grande pour me faire appercevoir les environs. Je n'entendis plus marcher : mais continuant toûjours à voir clair autour de moi, je ne doutai point qu'en avançant encore quelques pas, je ne découvriſſe enfin la ſource de mon ſalut. Je ne me trompois point je vis un homme, une créature ſemblable à moi. Quelle joye pour un malheureux, qui n'enviſageoit plus que la mort, & une mort ſi terrible & ſi funeſte !

Cependant, je n'étois pas tout à fait à la fin de mes peines. Cet homme, qui s'étoit arrêté au bruit de mon approche, étoit tremblant de frayeur, autant que je l'étois de joye. Il tenoit un flambeau allumé; mais à peine m'eut-il découvert, qu'il l'éteignit, & me prenant apparemment pour un Voleur, ou pour quelque Habitant monſtrueux du ſein de la Terre, il demeura en ſilence & ſans mouvement, dans l'obſcurité, pour éviter le danger dont il ſe croyoit menacé. Je retombai alors moi-même dans toutes mes craintes. Un accident ſi cruel, au moment que je me croyois aſſuré de mon ſalut, me jetta dans une conſternation inexprimable. Il faut donc périr, m'écriai-je. O Ciel ! vous m'abandonnez, car je vois bien qu'il ne me reſte plus de reſſource. Je me perſuadai, que tout ce que je venois de voir n'étoit qu'une illusion, un songe, le jeu de quelque Génie malin, qui avoit voulu insulter à ma perte, en me donnant de fausses esperances de salut. J'avançai néanmoins encore quelques pas, & me croyant à peu près vers le lieu où j'avois apperçu le Fantôme qui m'avoit trompé, j'élevai ma voix d'un ton pitoyable: Qui que vous soyez, Homme charitable, ou Démon ennemi, si vous me refusez votre vûë, accordez moi du moins de vous entendre. Helas! je ne vous demande qu'un mot de consolation. J'eus peine à prononcer ces paroles, tant la course & ma crainte avoient alteré ma respiration. J'attendis pendant quelques momens une réponse - on ne m'en fit point. Je repris encore tristement: Si vous êtes un homme, pourquoi refusez-vous de me répondre? Auriez-vous la dureté de me laisser périr dans ce lieu d'horreur, si vous pouvez m'aider à en trouver la sortie? Qu'appréhendez-vous d'un malheureux dont la vie dépend de vous, & qui vous la demande ici comme une faveur? On me répondit alors d'un ton fort doux, que si je n'avois point de mauvais desseins, on me rendroit volontiers tous les services que je souhaiterois. Je distinguai aisément, que je n'étois qu'à dix pas de la personne qui parloit. Je m'approchai d'avantage; & pour l'exciter encore à ne me point abandonner, je lui racontai en peu de mots de quelle maniere je m'étois égaré dans ce vaste souterrain. Donnez-moi la main, me répondit on; nous ne sommes point éloignés de l'ouverture de la Caverne, vous allez vous trouver au jour, dans un instant. Je suivis ce charitable Liberateur, qui me fit revoir en effet plus promptement que je ne l'esperois, la lumiere, que je croyois avoir perdue pour toûjours.

Je partageai d'abord mes actions de graces entre le Ciel, qui étoit ſans doute le premier auteur de ma délivrance, & l'inſtrument qu'il lui avoit plu d'employer pour ma conſervation. Je le fis avec un air de naïveté, dont mon Inconnu parût être ſurpris. Il me regarda attentivement: Si vous n'avez point de raiſon, me dit-il, qui vous empêche de m'apprendre qui vous êtes, & ce qui vous a porté à vouloir pénetrer dans cette horrible Caverne, vous me ferez plaiſir de ſatisfaire ma curioſité. Je balançai ſur ma réponſe. Je ſavois en général, que la plupart des hommes ſont perfides. Mon ſecret étoit de la derniere importance. Je ne concevois pas ce que ce pouvoit être qu'un homme que j'avois trouvé ſeul & le flambeau à la main, dans le lieu de ma demeure, ni quel deſſein pouvoit l'y avoir amené. Ma ſurpriſe d'ailleurs avoit été extrême, en appercevant tandis qu'il parloit, que les dehors de la Caverne ne reſſembloient point à ceux par leſquels j'avois été introduit la premiere fois. Au-lieu d'une Vallée étroite & profonde, c'étoit le côté d'une Montagne couverte de Bois. Me voyant donc dans un endroit inconnu, avec une personne que je ne connoissois pas mieux, le peu d'usage que j'avois du monde m'inspira de la crainte & de la défiance. Je répondis simplement, que j'étois un malheureux jeune homme, dont les actions & la naissance ne méritoient la curiosité de personne. Je vous remercie du fond du cœur, continuai-je, du service que vous m'avez rendu, & je vous souhaite pour récompense, une fortune meilleure que la mienne. Je ne sai si ces paroles, ou la simplicité de ma phisionomie & de mes manieres, lui firent prendre de moi une idée que je ne cherchois point à lui donner; mais m'ayant retenu par la main, il me demanda en grace de lui apprendre du moins où je demeurois, & ce que j'allois devenir. Cette obstination m'embaraſſa. Je le regardai fixement, à mon tour. Il étoit groſſierement vêtu, & ſon viſage me parut pâle & abattu; mais la douceur de ſes yeux me raſſura; je ſentis même que mon cœur inclinoit naturellement à lui vouloir du bien. Vous me demandez qui je ſuis, lui dis-je; & vous deſirez de connoître ma demeure & ma condition. Dites-moi donc vous-même qui vous êtes, & quel nom je dois donner à la curioſité que vous me témoignez? Eſt-ce haine, ou affection? Etes-vous de ces hommes droits & ſinceres, dont on dit que le nombre eſt ſi petit ſur la Terre, ou de ces perfides qui ne cherchent qu'à tromper l'innocence, & dont je tâche d'éviter ici la malignité? Expliquez-vous. Si vous êtes tel que je le ſouhaite, je regarderai votre connoiſſance comme une faveur du Ciel, & je vous ouvrirai mon cœur ſans réſerve. Je vous apprends déja, que cette Caverne eſt mon unique ſéjour. Il demeura dans le ſilence pendant quelques momens, comme s'il eût réfléchi ſur ma réponſe. Mes termes, & le ton dont je les avois prononcés, ne lui paroiſſoient point conformes à l'uſage ordinaire. Il continuoit de me regarder, & ne ſçachant quel jugement il devoit porter de moi, il étoit embarraſſé à s'expliquer. J'appris de lui dans la ſuite, que ſon irréſolution avoit été ſi grande, qu'il avoit été ſur le point de me quitter ſans ajoûter une ſeule parole. Cependant, le même ſentiment qui m'avoit prévenu en ſa faveur, agiſſoit auſſi ſur ſon cœur. Il m'embraſſa. Vous n'êtes point capable de tromper, me dit-il, puiſque vous avez tant d'averſion pour l'artifice & la perfidie. Venez; vous allez connoitre auſſi ma demeure. Il me fit entrer avec lui dans la Caverne. Je le ſuivis par des détours obſcurs, qui aboutirent enfin à une eſpece de chambre à peu près pareille à la mienne. Voilà ma maiſon, me dit-il, ou mon tombeau, si vous aimez mieux lui donner ce nom. Voyez si vous lui trouvez quelque ressemblance avec la vôtre. Je lui répondis, qu'à l'exception de quelques meubles de plus qui étoient dans la mienne, il y avoit fort peu de difference. Il faut donc, reprit-il, qu'il n'y en ait pas beaucoup non plus dans la disposition de nos ames; car il n'y a qu'une grande conformité de fortune, qui ait pu inspirer en même tems à deux personnes le dessein d'un genre de vie si extraordinaire. J'en suis d'autant plus surpris, ajoûta-t-il, que vous me paroissez d'un âge moins avancé que le mien, & qu'il n'y a pas d'apparence que vous ayez assez vécu pour essuier beaucoup de traverses & d'agitations. Ma vie, repartis-je, auroit été jusqu'à présent simple & tranquille, si je n'eusse eu à supporter que mes propres peines : du caractere dont je suis, je les aurois pardonné à la Fortune. Mais les douleurs d'une

Mere que j'aimois tendrement, & les crimes d'un Pere qui s'eſt rendu l'horreur de la Nature, m'ont cauſé la ſeule triſteſſe que j'aye été capable de ſentir. C'eſt par un effet de ces deux cauſes, que j'ai demeuré enſeveli depuis quelques années dans cette Caverne. Je ne fis pas difficulté de lui apprendre enſuite qui j'étois, & de quelle maniere j'avois vécu juſqu'alors. J'ajoûtai à mon récit, le malheur que j'avois eu récemment de perdre ma Mere; l'ordre qu'elle m'avoit donné en mourant, de ne quitter ma retraite qu'après le décès de mon Pere; la peine que j'avois à y demeurer ſeul, & la joye, au contraire, que j'allois reſſentir d'y vivre avec un compagnon tel que lui, ſi je ne me trompois pas dans l'opinion que j'avois déja conçûë de ſa droiture & de ſa vertu.

Comme je parlois de l'abondance du cœur, & que j'avois l'eſprit entierement occupé de mes idées, je ne m'apperçus point qu'il répandoit un ruisseau de larmes pendant mon discours. Cette vûë m'ayant frappé vivement, je lui demandai ce qui pouvoit l'affliger à cet excès. Oh! me dit-il, que vous êtes le Fils d'un abominable Pere! Venés, venés, continua-t-il en prenant le flambeau qui éclairoit sa demeure, je vais vous donner de nouveaux exemples de ses vertus. Vous êtes son Fils mais puisqu'il ne vous a pas épargné plus que nous, & que l'ouverture que vous venés de me faire m'assûre de votre sincerité, je ne veux point tarder à payer votre confiance. C'est le Ciel qui vous envoye pour me consoler. Peut-être trouverés-vous quelque consolation vous-même, à connoître qu'il y a des hommes infiniment plus malheureux que vous Il marcha devant moi, le flambeau à la main. Je le suivis quinze ou vingt pas, dans l'interienr de la Caverne. Il s'arrêta dans un enfoncement étroit, où j'apperçus une petite porte de bois, qu'il ouvrit avec une clef. nous entrâmes dans une chambre taillée, comme la mienne, dans le roc, mais beaucoup plus réguliere; de ſorte qu'étant tenduë d'une tapiſſerie, & ornée de meubles très-propres, elle auroit pû paſſer dans toute ſorte de maiſons pour un magnifique appartement. La ſurpriſe que ce ſpectacle imprévu me cauſa fut augmentée par la vûë d'une jeune Fille de neuf ou dix ans, qui vint embraſſer mon Conducteur, & d'une eſpece de Femme de chambre, ou de Gouvernante, qui la conduiſoit. Il ferma la porte avec ſoin, & me prenant par la main, il me conduiſit vers un lit qui étoit au fond de la chambre. Ma Chere, dit-il en ouvrant le rideau, je vous amene un jeune-homme qui partagera vos peines, lorſqu'il les connoîtra, & qui aidera à vous conſoler par le récit des ſiennes. C'eſt un Fils de Cromwell. Il ne faut pas que ce nom vous effraye, ajoûta-t-il. Il a reçu de ſon Pere les mêmes faveurs que nous, & il eſt réduit depuis quelques années à vivre comme nous dans cette Caverne, où j'ai eu le bonheur de le rencontrer aujourd'hui.

Je jugeai qu'il parloit à ſon Epouſe. Elle ne répondit que par un profond ſoûpir. Nous nous aſſimes. Il me fit ſervir par la Femme de chambre quelques rafraîchiſſemens, dont il jugeoit avec raiſon que j'avois beſoin après un jeûne de plus de vingt-quatre heures. Il me pria enſuite de raconter à ſon Epouſe les malheurs de ma Mere, & les miens. Cette Dame parut m'écouter attentivement : mais j'eus lieu de connoître par la violence de ſes ſoupirs, qu'il regnoit une étrange agitation dans ſon ame.

L'Epoux me fit ſigne de le ſuivre. Nous ſortimes de la chambre, & enſuite de la Caverne. Nous nous promenâmes menames quelque tems en ſilence, dans un endroit découvert de cette montagne déſerte. Il eſt juſte me dit-il enfin, que je vous apprenne avec qui vous êtes, & que je reconnoiſſe par une égale confiance, l'ouverture que vous m'avez faite de votre malheureuſe condition. Vous êtes né dans l'infortune; & l'habitude que vous avez d'y être depuis votre enfance, vous empêche de la ſentir. Vous prononcez le nom de *malheur*, preſque ſans connoitre ce qu'il ſignifie; & je vois à l'égalité de vos ſentimens, que cette Caverne même, & l'affreuſe vie que vous y menés, alterent moins votre repos, qu'ils ne l'établiſſent. Il en eſt de moi tout autrement. J'étois le plus fortuné de tous les hommes. C'eſt par une avanture ſans exemple, que je ſuis réduit a vivre dans ces ténebres; & chaque moment que j'y paſſe me ſemble un martyre cruel, parce qu'elles redoublent l'horreur qui regne continuellement au fond de mon ame. Préparéz-vous à la compassion que méritent mes peines. Mon Histoire est courte ; mais il n'y en eut jamais de si funeste. Ces paroles, prononcées du ton le plus triste, & l'estime que je sentois déja pour cet Inconnu, me mirent dans la situation qu'il desiroit pour l'entendre. Il commença ainsi son récit.

Mon nom est le Vicomte d'*Axminster*. Je suis né en Angleterre ; mais mon Pere ayant été fait Gouverneur de la Floride & de la Nouvelle Angleterre par la Reine *Elisabeth*, je passai la mer dès mon enfance, & j'ai vécu depuis dans cette partie de l'Amerique. J'y ai été élevé comme j'aurois pu l'être en Europe. La douceur du Gouvernement de mon Pere le fit aimer universellement de toute la Colonie, & des Sauvages mêmes, sur lesquels sa bonté s'étendoit aussi. J'en recueillois le fruit, par le zele & la tendresse qu'on s'empreſſoit de me marquer. Je regnois, en quelque ſorte, dans cette Contrée, tant je trouvois d'obéïſſance & d'attachement dans tous les Peuples qui étoient ſoûmis à l'autorité de mon Pere. J'en reçus mille témoignages en diverſes occaſions, mais ſurtout dans une entrepriſe d'où je faiſois dépendre tout le bonheur de ma vie. J'avois fait un voyage dans l'Iſle de Cube, pour l'interêt du commerce que nous entretenions avec les Eſpagnols. J'y avois vu la Fille du Gouverneur, qui ſe nommoit *Thereſa d'Arpez*: & ſi ſa beauté m'avoit inſpiré une paſſion violente, mon bonheur m'avoit fait réüſſir auſſi à lui plaire. J'étois revenu plein d'amour, & dans la réſolution de ſolliciter mon Pere à conſentir que je retournaſſe promptement à Cube, pour demander cette charmante perſonne au Gouverneur, pour en faire mon Epouſe. Je l'euſſe ſans doute obtenuë: mais la guerre s'étant déclarée entre les Anglois & les Espagnols, cet accident fit avorter malheureusement mes esperances. Cependant, rien n'étant capable de diminuer ma passion, je resolus, en jeune-homme ardent, de faire servir la guerre même au succès de mes desirs. Je faisois beaucoup de fonds sur la tendresse de Doña Theresa. Je ne doutois point que je ne pusse l'engager à quitter son Pere pour être à moi. La difficulté ne consistoit qu'à trouver le moyen d'aller jusqu'à elle, & de l'enlever des mains des Espagnols. Je confiai mon amour & mes desseins à quelques jeunes-gens des principales familles de la Colonie. Ils parurent recevoir indifferemment cette ouverture. J'admirois d'où pouvoit venir ce refroidissement de leur zele, & j'en fus même affligé jusqu'à leur en faire de vifs reproches. Ils les essuyerent sans répondre. Quelques jours après, on s'apperçut dans nos principales Habitations, que la plus grande partie de la Jeuneſſe, & toutes les perſonnes qu'on croyoit capables d'une entrepriſe hardie, avoient diſparu comme de concert, ſans qu'on pût conjecturer quelle route ils avoient pris. Ils n'étoient gueres moins de deux cens. L'on apprit enſuite que s'étant aſſocié un pareil nombre de Sauvages reſolus, ils avoient gagné le Port voiſin, qu'ils s'étoient emparés de deux Vaiſſeaux Anglois qui y étoient arrivés depuis quelques jours, & qu'ils s'étoient éloignés de la côte. Mon Pere fut extrêmement allarmé de cette nouvelle. Les Eſpagnols avoient déja commencé les hoſtilités. Nous demeurions preſque ſans défenſe, après le départ de tant de fugitifs; & nous ne doutames point qu'ils n'euſſent abandonné la Colonie pour n'y revenir jamais. Nous paſſames environ deux mois dans cet effroi; Heureuſement, nous fumes tranquilles de la part des Eſpagnols. Mon Pere s'employoit à donner les meilleurs ordres qu'il lui fut possible pour notre sûreté. Il fit élever un petit Fort, à l'entrée de la riviere. J'étois avec lui, à presser l'ouvrage; lorsque nous apperçumes deux Vaisseaux qui venoient vers nous à pleines voiles, avec le vent le plus favorable. Leur éloignement ne nous permettant point d'appercevoir la couleur du Pavillon, notre crainte fut extrême, c'est-à-dire, égale au péril. Nous primes les armes, avec tous ceux qui étoient en état de défense, résolus de nous opposer vigoureusement à la descente. Les deux Capitaines des Vaisseaux que notre Jeunesse avoit enlevés, étoient avec nous. Ils furent les premiers à reconnoitre que c'étoient leurs propres Vaisseaux qui s'avançoient. La joie que nous eumes de cette assurance étoit toûjours mêlée d'une juste frayeur; car nous ignorions absolument à quoi nous devions nous attendre. Enfin, lorsqu'ils furent assez proches pour être apperçus distinctement, nous découvrimes sur les ponts nos Amis & nos Concitoyens, qui tendoient les mains vers nous, en signe de paix & d'amitié. Ils furent en un moment au rivage. Mon Pere les reçut d'un air séveгe & mécontent. Les principaux s'approcherent avec soumission ; ils lui demanderent pardon, en reconnoissant la témerité de leur conduite, qui ne pouvoient être justifiée que par le succès, & par le dessein qu'ils avoient eu de rendre service au Fils de leur Gouverneur. En un mot, ils avoient entrepris d'enlever Doña Theresa, sur l'ouverture que je leur avois faite de ma passion ; & ma bonne fortune les avoit fait réussir. Ils amenoient avec eux la plus charmante de toutes les proyes. Je fus si transporté de joye en les entendant, que je me jettai aux pieds de mon Pere pour le conjurer d'oublier leur faute & de me laisser courir à ma félicité. Où est elle ? m'écriai-je. Ah ! fideles Amis, comment pourrai-je reconnoître un tel ſervice ! Ils me dirent qu'elle étoit ſeule dans les cabanes du Vaiſſeau, & qu'elle y étoit aſſez triſte, parce qu'ils lui avoient caché juſqu'alors dans quel lieu ils la conduiſoient, pour la ſurprendre agréablement lorſqu'elle ſe verroit entre mes bras. Quelque ſujet que j'euſſe de compter ſur ſon affection, je craignois qu'elle ne fût offenſée d'un enlevement ſi bruſque, qui pouvoit lui faire craindre un défaut de reſpect dans mon amour. J'appréhendois de paroître à ſes yeux ; & je me fis expliquer auparavant de quelle maniere ils s'étoient ſaiſis d'elle, pour m'aſſurer qu'il ne leur étoit rien échapé dont elle eût lieu de ſe plaindre. Ils l'avoient enlevée ſans violence, dans une promenade qu'elle faiſoit avec ſon Pere & quelques-unes de ſes Amies. Je paſſai dans le Vaiſſeau. Je la ſurpris infiniment, en me préſentant à elle. Sa crainte ſe diſſipa ſans doute, en voyant à ses pieds un Amant dont elle connoissoit la tendresse & la fidelité. Mais trouvant quelque chose de dur & de bizarre dans le moyen dont elle s'imaginoit que je m'étois servi pour me procurer sa possession, elle reçut mes premieres caresses avec quelque froideur. Il lui sembloit du moins, que je n'aurois pas dû me remettre du soin de son enlevement sur des Etrangers. Je me justifiai facilement, en lui expliquant le nœud de cette avanture; & nous nous accordames bien-tôt à remercier le Ciel, qui avoit amené notre bonheur par une voye si étrange & si inespe-rée. Je la conduisis au rivage. Mon Pere, qui étoit peut-être incertain pendant ce tems-là de la maniere dont il devoit se conduire avec elle & avec moi, se détermina tout d'un coup, en la voyant, à me la donner pour Epouse. Il pardonna, en ma faveur, aux jeunes-gens qui m'avoient rendu service avec tant de zéle; &

tout le monde prenant part à ma joye, je devins heureux peu de jours après, par la célebration de mon mariage.

Ma ſatisfaction ne fit enſuite qu'augmenter. J'adorois mon aimable Epouſe. J'eus d'elle une Fille, que vous venés de voir dans la Caverne. Nous paſſames quelques années tranquilles à la Floride, juſqu'à la mort de mon Pere; & peut-être aurois-je pu lui ſucceder dans ſon Emploi, ſi j'euſſe eu de l'inclination à faire un plus long ſéjour en Amerique; mais j'étois reſolu depuis long-tems de repaſſer en Europe, auſſi tôt que je me trouverois libre. Mon Epouſe ne le ſouhaitoit pas moins que moi. Je chargeai un Vaiſſeau de mes richeſſes, & je repris avec ma famille la route de ma chere patrie. Les hommes ſavent-ils ce qu'ils deſirent, lorſqu'ils ſe propoſent des contentemens de leur choix? Ce qui leur paroit le plus propre à faire leur bonheur, ſe change pour eux en une ſource d'infortune & de miſeres. Ils abandonnent un repos aſſuré, dont ils ſe laſſent par inconſtance; & l'ombre aprés laquelle ils courent, les conduit à leur perte. C'eſt ainſi que j'ai contribué moi-même à ma ruïne, en croyant travailler à augmenter mes plaiſirs. Je vivois paiſiblement à la Floride; j'y étois eſtimé de mes Amis, chéri de mon Epouſe, & favoriſé de la Fortune: quel beſoin avois-je de retourner en Angleterre, pour y tomber dans un abîme de miſere & de honte, dont il n'y a plus de main aſſez forte pour me retirer!

J'arrivai à Londres, il y a environ deux ans. Je trouvai la forme du Gouvernement changée, & l'autorité de Cromwell bien établie. Quelque compaſſion que m'inſpirât le ſort de notre malheureux Roi, & le récit de toutes les violences de ſon Bourreau, je crus devoir ſuivre le torrent & me ſoumettre comme les autres à la Tyrannie. J'employai d'abord une partie de mes biens à acheter plusieurs Terres considerables dans ce Comté. J'établis ensuite ma demeure à Londres, où, sans prendre part aux affaires publiques, je me bornai à la connoissance de quelques anciens Amis de mon Pere, & à la compagnie de ma chere Epouse. Nous fumes tranquilles durant quinze mois : le crime & la fureur préparoient pendant ce tems-là tous leurs traits contre moi. *Aberdeen*, le Favori & le digne Confident de Cromwell, vit mon Epouse aux Spectacles. Il conçut une furieuse passion pour elle. Il chercha les moyens de l'entretenir, & il employa tout ce que l'artifice peut inventer pour la séduire. Elle m'en avertit. Je n'avois pas besoin d'autre garant de sa conduite, que son amour pour moi & sa sagesse. Cependant, les emportemens d'Aberdeen ayant passé toutes mesures, je jugeai à propos d'en informer particulierement Cromwell, & de le prier d'arrêter l'inſolence de ſon Favori. Il m'écouta avec un étonnement affecté. Il me répondit, que connoiſſant Aberdeen pour un homme fort retenu, il avoit peine à le croire capable des excès dont je l'accuſois ; que la délicateſſe conjugale me rendoit peut-être trop facile à allarmer ; qu'il ne falloit pas s'en rapporter toujours à des apparences, ni ſe livrer trop legerement à des ſoupçons ; qu'il m'oſoit preſque répondre qu'on m'avoit trompé par de faux rapports, ou que je m'en laiſſois impoſer par ma propre jalouſie. Je ne vous répete point ce que j'ai appris d'un autre, lui dis-je avec aſſez de feu ; je vous apprens ce que j'ai vû de mes propres yeux. Alberdeen a eu l'audace de venir chez moi ; il y eſt venu même la nuit : j'y étois quoiqu'il me crût abſent, & ſans le reſpect que j'eus alors pour vous qui le conſiderez, je l'aurois mis hors d'état de renouveller jamais ſes inſolences. Je vous conjure, ajoutai-je, de les reprimer s'il les réïtere une autre fois ; ou de trouver bon que je les punisse.

Nous fumes interrompus, & cette conversation n'eut point d'autre suite. Le soir du même jour, Aberdeen me joignit dans un lieu de promenade publique. Mylord, me dit-il, je sai que vous vous plaignez de moi. Peut-être vous en ai-je donné quelque sujet. Mais il ne m'arrivera plus de rien faire qui vous offense. Je respecte les liens du mariage ; & je prie le Ciel de me punir, si j'ai eu la pensée d'y donner la moindre atteinte. J'aime votre Epouse, je vous l'avoue ; c'est fureur, ou maladie. Mais je consens à être puni de votre main, si vous vous appercevez jamais que je prétende à quelque chose de plus que le plaisir innocent de la voir. Ne me le refusez pas, & accordez moi votre amitié. Un compliment si extraordinaire m'obligea de méditer quelque tems ma réponse. Je concevois bien, qu'un homme peut être atteint d'une paſſion violente, & conſerver aſſez de vertu pour y reſiſter : mais pouvois-je attendre raiſonnablement cette grandeur de courage, d'un Aberdeen, c'eſt-à-dire, de l'Eſclave & du Satellite d'un Tyran? La vertu n'eſt pas l'effort d'un moment: il faut qu'elle ait jetté de profondes racines dans un cœur, pour y produire des effets ſur leſquels on puiſſe infailliblement compter. Par quels liens Aberdeen eût-il été ſi attâché à Cromwel, ſi ce n'eût été par la reſſemblance de leurs inclinations? Je ne pouvois prendre confiance à l'un, plus qu'à l'autre. Cependant, ne voulant point paſſer pour un mari bizarre & jaloux, je lui répondis honnêtement, que je ne pouvois pas m'offenſer qu'on aimât mon Epouſe; mais que je le croyois aſſez raiſonnable, pour voir à quelles bornes cette ſorte d'amour devoit s'arrêter. Il parut ſatisfait. Je fus étonné le lendemain, de recevoir ſa viſite. Je l'entretins encore fort civilement. Il me demanda, après quelques momens de converſation, s'il n'auroit pas l'honneur de ſaluer mon Epouſe. Je ne m'y oppoſai point. Mais comme je l'avois avertie la veille de ce qui m'étoit arrivé avec lui, elle refuſa de paroître, ſur quelque prétexte d'indiſpoſition. Il ſortit mécontent : ce qui ne l'empêcha pas de revenir quelques jours après, & de continuer pluſieurs fois la même choſe, quoiqu'il eſſuyât toujours les mêmes refus. Enfin, ce ſcélérat n'ayant plus la force de ſe contrefaire, prit une horrible réſolution, qui a cauſé juſtement ſa mort, & qui m'a précipité dans des malheurs irréparables.

Mon Epouſe aimoit les Spectacles, & y aſſiſtoit ſouvent. Elle y étoit allée un jour avec quelques Amies, & j'attendois ſon retour à l'heure ordinaire ; lorſqu'un de mes Domeſtiques, hors d'haleine, vint m'avertir que

que mon caroſſe avoit été arrêté dans les rues, les traits des chevaux coupez, & ſa Maitreſſe enlevée par pluſieurs perſonnes maſquées, qui l'avoient renfermée auſſi tôt dans un autre caroſſe, & qui s'étoient enfuis avec elle. Le tranſport où cette nouvelle me jetta m'alloit faire ſortir comme un furieux, ſans déliberer ; mais au moment que je quittois ma maiſon pour courir dans toutes les rues de Londres, je vis arriver les Dames qui avoient accompagné ma malheureuſe Epouſe à la Comédie. Elles étoient dans un caroſſe de louage, n'ayant pu revenir avec le mien. Le viſage éploré avec lequel elles m'aborderent, me confirma le triſte rapport de mon valet : Cruelles Amies ! leur dis-je d'un air éperdu, rendez moi mon Epouſe ! C'eſt à vous que je l'avois confiée. Je voulus les quitter ſur le champ. Elles m'arrêterent pour me dire que j'aurois bientôt de ſes nouvelles ; & qu'en quelque endroit que ſes Raviſſeurs la puſſent conduire, ils ſeroient infailliblement découverts. En effet, elles avoient eu aſſez de préſence d'eſprit pour ordonner à mon cocher de ſuivre le caroſſe de ſa maîtreſſe; ce qu'il avoit fait aiſément ſur ſes chevaux mêmes, dont j'ai déja dit que les traits avoient été coupés: de ſorte que cette précaution, que mes ennemis avoient cru devoir prendre pour leur ſureté, ſervît à hâter la découverte & le châtiment de leur crime. Mais foible conſolation, puiſqu'ils eurent tout le tems de l'exécuter!

Je rentrai dans ma maiſon, pour attendre le retour de mon Cocher. J'étois déchiré de mille paſſions cruelles, & je n'avois pas la force de prononcer un ſeul mot. Il revint, environ une heure après. Il n'avoit pu ſavoir le nom des Raviſſeurs: mais les ayant ſuivis à un mille de Londres, juſqu'à une maiſon écartée où ils étoient deſcendus, il avoit remarqué exactement le lieu & les environs. Je repris quelque esperance. Il m'étoit aisé de juger, que l'auteur du crime ne pouvoit être un autre qu'Aberdeen. Je le dévouai à toutes les Furies, & je fis serment de le massacrer jusque dans les bras de Cromwell même. J'assemblai aussi-tôt mes Amis : nous partîmes au nombre de douze, sans compter nos Valets, tous gens de la plus haute naissance, & ennemis secrets de Cromwell & de ses partisans. Il étoit environ dix heures, lorsque nous arrivâmes à la maison où mon Cocher nous conduisit. Je priai huit de mes Amis de l'environner, de sorte que rien ne pût nous échaper. Nous enfonçames la porte avec violence, & j'entrai, moi quatriéme, l'épée au poing, résolu de ne faire quartier à personne. Le premier objet qui se présenta fut un Domestique, qui voulut fuir aussi-tôt qu'il nous apperçus. Je l'arrêtai. Parle, lui dis-je d'un ton furieux; où est Aberdeen, avec Mylady Axminster ? Il contrefit assez adroitement l'étonné, comme si je lui eusse parlé de quelque personne inconnue. Mais mon Cocher, qui me suivoit, m'ayant assuré qu'il le reconnoissoit, & qu'il étoit du nombre des Ravisseurs, je lui appuyai la pointe de l'épée sur l'estomac : Parle, repris-je, ou tu es mort. Il me dit en tremblant, que son Maître étoit dans une chambre haute, avec mon Epouse. Je lui demandai s'ils étoient seuls. Il me dit, qu'ils étoient au lit ensemble. Au lit ensemble ! m'écriai-je, Ah ! chers Amis, vengez moi. Je tombai sans connoissance, en prononçant ces paroles. Mes Amis, jugeant que ce n'étoit qu'un évanouïssement, ordonnerent à mon Cocher de prendre soin de moi, & ils monterent dans la chambre où étoit le criminel Aberdeen. Il avoit entendu le bruit qui s'étoit fait en-bas ; &, dans la crainte du châtiment qui le menaçoit, il tâchoit en dedans de barricader la porte. Elle fut enfoncée en un inſtant, malgré ſes efforts. Mes amis ne le tuerent point, voulant me laiſſer le choix de ma vengeance. Je montai un inſtant après eux, car la connoiſſance ne tarda point à me revenir, & la fureur ne pouvoit manquer de renouveller tout d'un coup mes forces. Je trouvai Aberdeen, nud, à genoux, qui faiſoit les ſupplications les plus baſſes pour obtenir la vie. J'allois le percer de mille coups; un de mes Amis me retint le bras, en me diſant, que puiſque nous étions les maîtres, il y avoit quantité de choſes ſur leſquelles il faloit l'interroger, avant que de lui donner la mort. Je m'arrêtai. Le trouble où j'étois, m'ôtoit l'uſage de la voix. Je cherchai des yeux mon Epouſe. Elle étoit encore au lit. M[illegible]reur, qui ne s'étoit pas aſſouvie [illegible] Aberdeen, ſe tourna tout d'un coup ſur elle. Je trompai mes Amis qui ne s'en défioient point, & je la perçai de plusieurs coups d'épée. Elle eut assez de vigueur, malgré ses blessures, pour me retenir le bras au quatriéme coup que je lui portai. Elle me fit même tomber sur le bord du lit, & d'une voix tremblante, elle m'appella son chere & cruel Epoux. Mes Amis s'approcherent, & m'ôterent mes armes. Elle continuoit à retenir ma main, & à me reprocher tendrement ma dureté. L'égarement de raison où j'étois, m'empêcha d'abord de l'entendre : mais diverses plaintes qu'elle profera sur son innocence & sur cette mort cruelle, qu'elle souffroit, disoit-elle, volontiers, quoiqu'injustement ; ses soupirs languissans, le tendre nom d'Epoux, qu'elle répétoit mille fois, frapperent enfin mes oreilles, & de là ils trouverent bien tôt le chemin de mon cœur. J'ouvris les yeux, comme il arrive en sortant d'un songe ; je vis la malheureuse moitié de moi-même, baignée dans son sang qui ruisseloit de toutes parts ; je la vis pâle & mourante, les yeux dêja presque éteints ; & toutes ces horreurs étoient mon ouvrage ! Il ne m'échapa, ni une parole, ni un soupir. Il étoit impossible que, parmi tant de sentimens mortels qui m'assaillirent tout à la fois, il y en eût un qui pût trouver place à s'exprimer. Je me tournai vers mes Amis : Venez à elle, leur dis-je avec une apparence de froideur qui les surprit ; voyez si l'on peut lui donner quelque secours ; & hâtez-vous, s'il se peut, avant que je meure, de me faire voir clair dans ce cahos de choses horribles qui m'épouvantent. Dites moi, mes chers Amis, ajoutai-je d'une voix basse & les regardant d'un œil égaré, ne l'avez-vous pat trouvée au lit avec ce scélérat ? Ah ! s'écria ma triste Epouse, il m'y a forcé le poignard sur la gorge. Un de mes Amis dit à Aberdeen : Ouvre la bouche, perfide ; fai nous la confession de tous tes crimes. Ce malheureux, que la vue de tant d'armes & sa mort prochaine épouvantoient, répondit en tremblant, qu'il demandoit pardon de son crime au Ciel, à moi, & à mon Epouse; qu'il avoit employé effectivement les dernieres violences pour la faire consentir à ses criminels desirs : mais qu'il mériteroit peut-être ma compassion, si je voulois considerer qu'il étoit jeune, qu'il avoit été entrainé par une passion sans bornes, & qu'il avoit suivi le conseil de Cromwell. Toute l'Assemblée frémit à ce nom. Les Amis que j'avois prié de demeurer dehors, étoient entrés lorsqu'ils avoient vu que nous ne trouvions point de résistance, & s'étant contentés d'arrêter quelques Domestiques d'Aberdeen qu'ils firent garder par les nôtres, ils étoient montés avec nous; de sorte qu'étant tous présens lorsqu'il prononça le nom de Crumwell, il n'y en eut pas un qui ne témoignât beaucoup d'envie de le faire expliquer d'avantage sur les relations

lations qu'il avoit avec lui. Il nous découvrit des injuſtices, des violences, des iniquités ſans nombre : j'en laiſſe le récit, qui n'a point de rapport à mon Hiſtoire. Pour ce qui regarde mon Epouſe, il nous répéta, qu'il n'eût jamais penſé à ſe procurer ſes faveurs par la violence, s'il n'y eût été ſollicité par Cromwell; que ce Tyran, en lui donnant ce conſeil, l'avoit aſſuré qu'il s'en étoit bien trouvé plus d'une fois pour lui-même : mais qu'outre la corruption de ſon cœur, il avoit eu deux raiſons de lui inſpirer un deſſein ſi funeſte à mon honneur; qu'il avoit été choqué, à mon retour de la Floride, de me voir fuir ſa préſence, & refuſer de groſſir le nombre de ſes Flateurs; qu'il ne l'avoit pas moins été depuis, de la fermeté avec laquelle je lui avois porté mes plaintes au ſujet de mon Epouſe; & que, me ſoupçonnant de le mépriſer, il avoit ſaiſi cette occaſion d'humilier ce qu'il nommoit ma fierté & mon orgueil.

Après que mes Amis eurent tiré d'Aberdeen une ample confession des crimes de son Maître & des siens, ils me demanderent de quelle maniere je jugeois à propos qu'ils disposassent de lui. Helas! leur dis je, je vous laisse le soin de ma vengeance. Mais qui de vous prendra celui de me punir? Suis-je moins coupable que lui? Il a deshonoré mon Epouse; & moi, je l'ai massacrée cruellement. Nous méritons tous deux la mort. Je vous la demande comme une grace. Ils entreprirent de me consoler, en me représentant, qu'après le funeste accident que mon Epouse avoit essuyé, je ne devois peut-être pas regarder sa mort comme le plus grand malheur qui pût m'arriver; que je devois remercier le Ciel de m'avoir fait connoître son innocence; & trouver moins dure une séparation, à laquelle il falloit désormais me resoudre en quelque cas que je puſſe me ſuppoſer, mais qu'il me ſeroit infiniment plus difficile à ſupporter, ſi ce cher objet de ma douleur & de mon amour ne m'étoit point enlevé par la mort. Ouy, leur répondis-je, vous m'apprenés de quelle maniere je dois conſiderer mon malheur: mais il faudroit auparavant me donner la force d'y réſiſter. Le plus utile de vos ſecours ſeroit de m'ôter promptement la vie. Rendés-moi du moins mes armes; j'aurai bien-tôt trouvé le ſeul remede qui peut finir mes peines. Ils eurent la cruelle attention d'éloigner de moi tout ce qui pouvoit favoriſer mon deſeſpoir; & s'apercevant que la vûë d'Aberdeen ne faiſoit que l'entretenir, ils confererent enſemble de quelle maniere ils ſe déferoient de lui. Nul d'entr eux ne voulut ſe charger de la commiſſion de le tuer ainſi de ſang-froid. Ils agiterent, s'il n'étoit pas mieux de le reſerver à périr publiquement par la main d'un bourreau:

mais craignant que la faveur de Cromwell ne le dérobât au châtiment, ils prirent enfin le parti de le faire descendre dans la cour, nud comme il étoit, & de le faire égorger en leur présence par nos Domestiques.

On avoit bandé pendant ce tems-là les playes de mon Epouse; mais la connoissance, qu'elle avoit perduë avec la meilleure partie de son sang, ne lui étoit pas encore revenuë. Je la croyois morte. J'étois résolu de mourir aussi; je songeois au moyen de tromper la vigilance de quelques-uns de mes amis, qui étoient demeurés à m'observer pendant que les autres punissoient Aberdeen. Cependant en rappellant toutes les circonstances de mon malheur, il me vint à l'esprit, que je n'étois vengé qu'à demi par la mort d'Aberdeen, puisque Cromwell n'avoit pas eu moins de part que lui à son crime. Je m'attachai avidement à cette pensée, &

je formai auſſi-tôt le deſſein d'employer ma vie, que je ne voulois plus conſerver, à la punition de ce Tyran. Je rendrai ſervice à ma patrie, diſois-je, en la délivrant d'un monſtre qui l'opprime ; je vengerai mon honneur, la mort de mon Roi, & celle de mon Epouſe. Ma querelle va devenir celle de toute l'Angleterre. Je ſuis ſûr de l'applaudiſſement de tous les gens de bien ; & ſi je péris dans mon entrepriſe, j'y trouverai la fin de mes maux, que je ne me propoſe aujourd'hui de prolonger que dans cette eſperance. Cette réſolution, que je m'engageai à exécuter par mille ſermens, produiſit en un moment dans mon eſprit une tranquillité, qui ſurprit mes Amis. Ils me demanderent envain la cauſe de ce changement. Je ne voulois point leur confier mon deſſein, non ſeulement parce que j'apprehendois qu'ils ne le combatiſſent ; mais par une eſpece de jalouſie, qui me faiſoit ſouhaiter de ne partager avec personne la gloire & le péril d'une si grande entreprise.

L'exécution d'Aberdeen étant finie, nous pensames à quitter le lieu impur où nous étions, & à faire transporter le corps de mon Epouse. Tous mes Amis étoient persuadés, comme moi, qu'elle étoit sans vie. Cependant, en continuant à lui donner quelques soins sur un reste de chaleur qu'elle conservoit encore, on s'apperçut qu'elle respiroit foiblement. On redoubla les secours, & peu à peu elle reprit assés de force pour ouvrir les yeux, & pour jetter ses regards autour d'elle. Je voulus m'approcher de son lit : on m'en empêcha ; non qu'on craignît de moi quelque nouvelle violence : la fureur ne m'avoit pas plu émus, que ne faisoient alors l'amout, la douleur & la pitié. Chere & malheureuse Epouse, m'écriai je, tu respires donc encore ! tu retournes à la vie, pour sentir toute l'horreur de ton miſerable ſort ! O Ciel qui me la rends, quel nom dois-je donner au préſent que tu me fais ? Mes amis tinrent conſeil ſur ce nouvel évenement, qui rendoit notre départ plus difficile. Elle n'étoit point en état d'être tranſportée à Londres, & de ſouffrir le mouvement d'un caroſſe. Heureuſement, nous n'étions qu'à deux pas de la riviere. Il vint en penſée à Mylord *Terwill*, qui étoit un de nos Aſſociés, de la mener par eau à Kingſton, où il avoit une maiſon. On trouve facilement des bateaux ſur le bord de la Tamiſe. Il envoya ſur le champ deux de nos Domeſtiques en préparer un ; & ne voulant point s'expoſer à l'indiſcretion d'un Batelier, il entreprit de ſervir lui-même de Rameur, avec ceux de notre bande qui voudroient l'accompagner. Ces généreux Amis tranſporterent mon Epouſe dans leurs bras juſqu'à la riviere. Trois d'entre eux ſe joigniront à Mylord Terwill, pour la conduire à Kingſton. Je les laiſſai partir, étant dans le deſſein de retourner à Londres, pour en faire ſortir ma fille avant la fin de la nuit. Je rentrai néanmoins dans la maiſon d'Aberdeen, avec le reſte de mes Amis, & nous examinames enſemble quelles pourroient être les ſuites de cette funeſte avanture. Il eſt certain que ſous un Gouvernement juſte, nous n'aurions rien eu à apprehender. L'action d'Aberdeen étoit un de ces crimes, dont la punition appartient de droit naturel à la perſonne offenſée. Mais ce n'étoit point ſur les principes de l'équité qu'il falloit juger de la conduite de Cromwell. Il aimoit paſſionnément Aberdeen; il avoit eu part au deſſein de ſon entrepriſe: c'en étoit trop pour nous laiſſer lieu de douter qu'il ne cherchât à venger ſa mort, & que ſon hypocriſie n'eût encore l'adreſſe de donner une couleur de juſtice à ſon reſſentiment. J'aurois été au deſeſpoir que les onze Seigneurs qui m'avoient prêté leur ſecours, euſſent couru le moindre danger pour m'avoir rendu cet important ſervice. Seroit-il impoſſible, leur dis-je, de tenir l'avanture cachée? Cette maiſon eſt écartée. Il eſt aiſé de voir qu'Aberdeen l'avoit loüée exprès pour accomplir ſon damnable deſſein. Nous n'avons été apperçus de perſonne. On apprendra ſa mort, à la vérité; mais qui ſçaura de quelle maniere & par les mains de qui elle eſt arrivée? Je ſerai le ſeul, du moins, que Cromwell aura lieu de ſoupçonner; & ce n'eſt pas pour moi que j'appréhende ſa haine & ſa vengeance. Ma ſeule inquiétude eſt pour vous, mes chers Amis, qui vous êtes expoſé ſi généreuſement pour mes interêts. Ils me remercierent de cette attention; & quoiqu'ils fuſſent diſpoſés à me continuer leurs ſervices avec le même zele, il approuverent les meſures que je voulois prendre pour leur ſûreté. La difficulté du ſecret n'étoit pas inſurmontable. Ils étoient aſſés aſſûrés de leurs Valets : le ſeul embarras venoit de ceux d'Aberdeen, que rien ne ſeroit ſans doute capable d'engager au ſilence. Nous les tenions renfermés dans une même chambre. Ils étoient quatre, les mêmes qui avoient ſervi à l'enlevement de mon Epouſe, & au crime de leur Maître. Ils ſont coupables, dit un de mes Amis ; il n'y a pas de Pays au monde où leur crime ne mérite la mort ; quelle injuſtice commettrions-nous en les puniſſant nous mêmes ? C'eſt rendre ſervice au Genre humain, que de purger la terre de quatre ſcélérats. Quelque cruelle que cette réſolution me parût d'abord, je l'approuvai, parce qu'elle me ſembla néceſſaire à la ſûreté de mes Amis. Ces quatre malheureux eurent le même ſort que leur Maître. Nous fimes ouvrir par nos Valets une large foſſe, où les cinq corps furent renfermés ; & ayant fait laver jusqu'aux moindres traces de leur sang, nous fermames soigneusement toutes les portes de la maison, & nous reprîmes le chemin de Londres.

Je fis partir aussi-tôt ma fille pour se rendre à Kingston, sous la conduite d'un Domestique fidele. J'y envoyai avec elle mon argent, & tout ce que j'avois de plus précieux. Pour moi, qui roulois dans ma tête des desseins d'une haute importance, je demeurai à Londres, & feignant d'en partir le matin pour la campagne, je me contentai de changer de maison, pour être à couvert de toutes les poursuites ausquelles je m'attendois. Je passai les premiers jours à m'informer de l'effet que la disparition d'Aberdeen avoit produit. Cromwell fut peut-être le seul qui soupçonna la verité de son avanture ; mais, par une politique que je n'avois pas prévûe, il déguisa ses soupçons & ses sentimens. Il feignit d'être persuadé avec le Public, que ſon Favori étoit ſorti ſecretement du Royaume, ou qu'il avoit été aſſaſſiné par quelque ennemis caché. Je ſçus néanmoins, qu'il avoit fait interroger ſous-main mes Domeſtiques, & qu'il n'avoit rien épargné pour découvrir ce que mon Epouſe étoit devenue. Huit jours s'écoulerent, pendant leſquels je ne vis perſonne de connoiſſance. La mort du Tyran étoit réſolue dans mon cœur. Je ne m'occupois que des moyens d'aſſurer mes coups. L'accés de ſa maiſon n'étoit pas facile. Il avoit changé entierement de conduite depuis quelque tems. Au-lieu de cet air populaire, qu'il avoit affecté pendant les premieres années de ſa Domination, il étoit devenu ſombre, farouche, & preſque inacceſſible. Il ſe défioit de ſes propres Gardes. Sa lâche timidité alloit ſi loin, qu'il ſe faiſoit raſer le viſage par ſes Enfans, n'oſant confier ſa tête entre les mains d'un Barbier. Je me ſouvenois de la peine que j'avois eue à obtenir de lui une Audience ſecrete, lorſque je lui avois porté mes plaintes contre Aberdeen; & j'étois perſuadé que me ſoupçonnant d'être l'auteur de ſa mort, il ne me permettroit jamais de l'approcher. Ce n'étoit donc point par les moyens ordinaires, que je pouvois m'ouvrir une voye juſqu'à lui. J'appris qu'il devoit aller paſſer une partie de la belle ſaiſon à Windſor. Je m'y rendis auſſi-tôt, dans l'eſperance d'y trouver plus facilement qu'à Londres, l'occaſion de lui percer le cœur. Il y arriva peu de tems après moi.

Je ne me laiſſai voir de perſonne. Je n'avois qu'un Valet fidele & réſolu, à qui j'avois confié mon deſſein, & qui étoit diſpoſé, pour me ſervir, à s'expoſer à toutes ſortes de dangers. Je me ſervis de lui pour être informé de toutes les démarches de mon ennemi. Je formai divers projets, que je ne pus exécuter, parce que ce Tyran soupçonneux étoit l'inconstance même dans ses résolutions. La crainte perpetuelle où il vivoit, lui faisoit faire le soir tout le contraire de ce qu'il avoit projetté le matin ; dans la vue, apparemment, de rompre les mesures qu'il s'imaginoit avec raison qu'on prenoit contre sa vie. Cependant, j'appris un jour, qu'il étoit à la chasse dans le Parc du Château. Je montai à cheval aussi-tôt, armé de deux pistolets, & je me mis sur ses traces. J'évitai le gros des Chasseurs, & voltigeant continuellement sur les côtés, j'observai le moment qu'il enfila seul une longue route d'arbres, pour couper un Cerf que les Piqueurs poursuivoient. Je le joignis en traversant sa route. Il montoit un excellent Coureur, sur une selle nûe & sans arçons, telle que l'usage est d'en avoir dans notre Angleterre. Il étoit sans armes ; de sorte que rien ne m'étoit plus facile que de mettre fin d'un seul coup à ses crimes & à sa vie. Mais dans ce moment que j'avois tant souhaité, je n'avois pas prévu que ma générosité trahiroit ma haine. J'eus honte de tuer de sang-froid un Ennemi qui étoit hors d'état de se défendre, & de me faire partager le péril. Je l'arrêtai pourtant, le pistolet à la main. Il comprit que j'en voulois à sa vie, & sa lâcheté le rendit tout d'un coup pâle & tremblant. Tyran, lui dis-je d'un ton furieux, où sont tes armes ? A peine eut-il la force de me répondre qu'il n'en avoit point, & qu'il me croyoit trop généreux pour tuer un homme sans défense. Tien donc repris-je en lui présentant un de mes pistolets ; défens toi maintenant & ôte moi la vie, si tu le peux, comme tu m'as ôté l'honneur & le repos. Je piquai mon cheval pour m'éloigner de quelques pas ; mais ayant piqué le sien au même instant, il s'éloigna avec une rapidité extrême, laissa tomber en courant, le pistolet qu'il avoit reçu de moi. Sa lâche tromperie alluma toute ma fureur ; je lui lâchai mon coup en le poursuivant. Il dut son salut à mon transport, qui m'empêcha de tirer juste. Le bruit du coup attira quelques-un des Chasseurs. Je fus obligé de prendre la fuite au travers de la forêt, & j'eus assez de bonheur pour m'éloigner considerablement avant que ses Gardes eussent reçu ordre de me poursuivre.

Le desespoir que me causa ce malheureux succès m'auroit peut-être fait tourner mes armes contre moi-même, si le souvenir de mon Epouse & de ma Fille ne m'eût attaché à la vie malgré moi. Depuis que je les avois quitté, j'avois reçu plusieurs fois de leurs nouvelles, par le soin de Mylord Terwill. Il m'avoit marqué, que les blessures de mon Epouse n'avoient point été jugées mortelles ; mais que la grande quantité de sang qu'elle avoit perdu faisoit desesperer au Chirugien qu'elle pût jamais se remettre ;

mettre que l'excès de la tristesse arrêtoit d'ailleurs l'effet des remedes ; & qu'elle me prioit de venir recevoir du moins ses derniers soupirs, puisque mon absence longue & affectée lui faisoit trop croire que je la chargeois du crime de sa mauvaise fortune, & que je n'avois plus pour elle que les sentimens qu'on a pour une femme coupable. Ce reproche m'avoit touché vivement ; car le Ciel m'est témoin, que loin que ma tendresse pour elle eût souffert quelque diminution, jamais cette vertueuse Epouse ne m'avoit été plus chere que depuis le cruel outrage qu'elle avoit reçu. Le crime d'Aberdeen étoit à mes yeux comme un mystere d'horreur, sur lequel je nosois arrêter la vue ; mais je l'avois incessamment sur l'innocence de cette chere moitié de moi-même. Je me représentois ses cris, ses pleurs, toutes ses résistances contre un Ravisseur infame, qui ne lui laissoit que la mort à choisir.

Et moi, dans un transport barbare, j'avois puni sur elle le crime d'un autre. Quelle recompense, pour ses combats & pour sa vertu ! Non, disois-je, je ne l'en aimerai pas moins. Ses charmes innocens ont été la proye d'un perfide Adultere ; mais il n'a pu ni les diminuer, ni les corrompre. Quel seroit le malheur d'une femme vertueuse, si l'opinion de son honneur dépendoit de la violence d'un brutal, qui pourroit à tous momens la couvrir de honte & d'infamie ? Il faut mettre une juste distinction entre les malheurs, & les crimes. Un Mari raisonnable ne punira jamais dans une Femme, que les foiblesses qu'une conduite sage auroit pu lui faire éviter.

J'étois donc si peu refroidi à l'égard de mon Epouse, qu'il falloit que ma haine pour Cromwel fût au dernier excès, pour avoir pu balancer si long-tems l'impatience que j'avois de la revoir ; ou plûtôt, la haine même que je portois à ce Tyran n'étoit qu'un effet violent de mon amour pour elle, puisque je n'avois pas de plus pressant motif que l'ardeur de la venger. Je pris le chemin de Kingston, en quittant le Parc de Windsor, & je fis toute cette route à bride abattuë. Je n'entrai néanmoins chez Mylord Terwill qu'avec beaucoup de précaution. La haine de Cromwell ne manquant plus de prétexte, je ne doutois point qu'il ne me fît chercher avec la derniere rigueur; & je mattendois aux plus cruels effets de sa barbarie, si j'avois le malheur de tomber vif entre ses mains. Mylord Terwill apprit effectivement dès le lendemain, par des Lettres de Londres, que le Tyran y étoit retourné un moment après son avanture; que son effroi étoit si visible, que ses Amis mêmes rioient de sa lâcheté; qu'il avoit envoyé de tous côtés des ordres pour m'arrêter; & qu'il s'étoit déja expliqué ſur le genre de mon ſupplice.

Il étoit nuit, lorſque j'arrivai à Kingſton ; de ſorte qu'il ne me fut point difficile de traverſer la Ville & le Pont, ſans courir riſque d'être reconnu. J'entrai ſans bruit chés Terwill, & l'ayant rencontré heureuſement lui-même, je lui appris en deux mots de quelle néceſſité il étoit que je demeuraſſe caché, même à ſes Domeſtiques. Il me conduiſit à l'appartement de mon Epouſe. L'effet que ma préſence produiſit ſur elle fut ſi touchant, que ce ſouvenir me cauſe encore de l'émotion. Elle leva les yeux & les mains au Ciel. Je le vois donc encore une fois, s'écria-t-elle en moüillant ſon viſage de larmes ! Non, il ne me hait pas, puiſqu'il m'accorde la douceur de le revoir. Helas ! pourquoi me haïriés-vous, reprit-elle en s'adreſſant à moi ? J'avois ſans doute offenſé le Ciel, qui m'a traitée ſi cruellement : mais vous que j'ai toûjours aimé plus que moi-même, vous, le maître de mon cœur & mon cher Epoux, par où ai-je mérité votre haine? Je sens la mort qui s'approche, ajoûta-t-elle; & je ne demande point au Ciel qu'il la differe: mais s'il faut mourir sans être aimée de vous, il faut donc renoncer à toute esperance de bonheur dans une autre vie, car ce n'est point par un horrible desespoir que la félicité peut commencer. Elle prononça ces paroles d'un ton si triste & d'un air si pénetré, que Mylord Terwill, qui étoit à côté de moi auprès de son lit, & qui croyoit comme elle que son malheur avoit changé mes sentimens, ne put s'empêcher de me faire des reproches de mon injustice & de ma dureté. Que ne pouvoient-ils pénetrer tous deux au fond de mon cœur! Qu'il s'y passoit d'étranges mouvemens! Je me jettai à genoux en silence, auprès de tout ce que j'aimois le mieux; penchant la tête sur ce lit de douleurs, je m'enfonçai pendant quelque tems dans l'immenſe conſidération de mes peines. Je me relevai ; mais ce fut pour gémir à haute voix, avec auſſi peu de ménagement que j'avois fait en ſecret. Dieu terrible ! m'écriai-je, comment conſerver du reſpect pour tes volontés, lorſqu'on n'en apperçoit pas la juſtice, & qu'on en éprouve des effets ſi ſanglans, & ſi funeſtes ! j'ajoûtai mille choſes avec la même violence : mais la tendreſſe de mon cœur adouciſſant peu-à-peu ce tranſport, mes yeux ſe couvrirent de larmes. Je ne fis plus que pleurer & pouſſer des ſoupirs. Je paſſai toute la nuit auprès du lit de mon Epouſe, tantôt gémiſſant de ſon ſort & du mien, tantôt la conſolant par des proteſtations d'un amour éternel ; mais dans le fond auſſi agité & auſſi inconſolable qu'elle.

La ſituation de mes affaires ne me permettoit pas de demeurer longtems à Kingſton, où je courois riſque à tous momens d'être reconnu. Ce fut en vain que Mylord Terwill m'en preſſa, par la crainte que je ne m'expoſaſſe encore davantage en quittant ſa maiſon. Mon deſſein étoit de me retirer dans cette Province. Quoique je ne penſaſſe point encore à choiſir ma retraite dans cette Caverne, je ſçavois que la ſituation de mes propres Terres, qui renferment quantité de montagnes déſertes, pourroit m'offrir plus d'un aſyle. Je m'y rendis, pour reconnoître le plus aſſûré. Je fis le voyage pendant la nuit, & j'évitai ici la vuë de tout le monde. Je ne m'ouvris qu'au Curé d'une Parroiſſe qui m'appartient, homme d'honneur & de bon ſens, dont [illegible] conſeils m'ont été depuis fort utiles. Ce fut lui qui me parla le premier de cette vaſte & obſcure ſolitude, & qui m'inſpira l'envie d'en faire mon ſéjour. Il la connoiſſoit, moins pour y avoir pénetré lui-même, que par tradition. Nous vinmes

ensemble en examiner tous les détours. J'y trouvai tant d'endroits commodes, & faits, comme il semble, exprès par la nature pour servir de derniere ressource à un miserable, que je me déterminai tout d'un coup à en prendre un pour demeure. Le Curé se chargea du soin de le faire préparer secretement, tandis que je retournerois à Kingston pour aller prendre mon Epouse & ma Fille, que je voulois avoir avec moi dans ma solitude. Je priai le Curé de rendre habitables deux de ces Grottes; l'une, où je vous ai conduit d'abord; & l'autre plus enfoncée, où vous avés vû mon Epouse & ma Fille. C'est une double sûreté, contre tous les accidens qui peuvent nous arriver. J'habite la premiere, comme une espece d'avant-garde d'où je veille à la conservation de ce que j'ai de plus cher. Le zele du Curé fit achever l'ouvrage en peu de jours; de sorte qu'étant arrivé avec ma petite famille

le que je fis tranſporter dans une litiere, en obſervant toûjours de ne marcher que pendant la nuit, je trouvai notre demeure prête à nous recevoir. Nous y vivons depuis plus de cinq mois. Je n'y ai vu juſqu'aujourd'hui que deux ou trois de mes plus fideles amis, qui ſont venus exprès de Londres avec Mylord Terwill pour m'apporter quelques rafraichiſſemens, & me rendre les bons offices de l'amitié. Nous ſommes servis par deux Domeſtiques affectionnés, une Femme qui eſt ſans ceſſe auprès de mon Epouſe & de ma Fille, & un Valet qui habite la même Grotte que moi, & qui en ſort chaque nuit pour aller prendre chés le Curé les proviſions qui nous ſont néceſſaires. Nos occupations ſont telles que vous pouvés vous imaginer, triſtes & conformes à notre fortune & à notre habitation. Vous avés vu mon Epouſe. Elle ne ſçauroit retrouver ſes forces. Les principes de ſa vie ont été alterés par ſes bleſſures, & par l'épuiſement de ſon ſang. Elle eſt ſans ceſſe pâle & languiſſante. Sa triſteſſe acheve de la conſumer. Je n'eſpere plus de la conſerver long-tems. Ma Fille croît parmi les larmes & les ſoupirs continuels de ſa Mere. Cette pauvre Enfant, à qui ſa naiſſance, & s'il eſt permis à un Pere de le dire, mille qualités aimables promettoient une condition ſi heureuſe, ſe trouve réduite, preſque en commençant de vivre, à ſouffrir toutes les rigueurs d'une infortune conſommée. Pour moi qui réünis ſans ceſſe à mes propres douleurs celles de deux perſonnes ſi cheres, je n'entreprens point de vous expliquer la nature de mes ſentimens, ni la violence de mes peines. Le Ciel les connoit; il ſçait quelle en ſera la durée; & il a pris ſoin ſans doute, d'y proportionner ſon ſecours & mes forces, puiſque j'ai été capable de les ſupporter ſi long-tems. Je vous avoüerai néanmoins, que je ne ſuis pas toûjours auſſi ferme que j'affecte ici de le paroître. J'ai ſenti mille fois des mouvemens qui approchoient du dernier deſeſpoir, & auſquels il n'y a qu'un pouvoir ſuperieur qui m'ait fait reſiſter. Je lis beaucoup : la lecture adoucit ce qu'il y a ſouvent de trop furieux dans mes agitations ; elle les change en une mélancolie douce, qui me fait aimer ma ſolitude. Dans ces momens ſi je mets le pied hors de la Caverne, tous les objets que je découvre me paroiſſent ſombres & obſcurs. Il ſemble que ma triſteſſe ſe répande ſur la nature entiere, & que tout ce qui m'environne s'afflige & s'attendriſſe en ma faveur. Cette vûë me jette dans des conſidérations qui renouvellent mes peines. Je rentre dans mon tombeau, j'en parcours toutes les vaſtes retraites, je trace mes malheurs ſur les plus durs rochers, & j'arroſe les caracteres de mes larmes. Il eſt ſurprenant, qu'ayant demeuré ſi long-tems dans le même lieu, vous n'ayés point encore apperçu quelques-uns de ces triſtes monumens. Cet exercice à des charmes pour moi ; ma douleur ſemble ſe décharger en s'exprimant. Je retourne à la chambre de mon Epouſe, je la conſole ; j'inſtruis ma Fille, je lui ſouhaite toutes les vertus de ſa Mere, avec un meilleur ſort. Tel a été l'emploi d'une demie année, que j'ai paſſée dans ce deſert. Si votre rencontre, ajoûta Mylord Axminſter, m'a cauſé d'abord de la ſurpriſe, & même quelque frayeur ; je la regarde à preſent comme un nouvel effet de la protection du Ciel, qui ne veut point que je périſſe ici de douleur, puiſqu'il m'accorde la conſolation d'y trouver un honnête homme.

Je remerciai ce Seigneur de l'opinion avantageuſe qu'il s'étoit formée de moi ; & je l'aſſurai que je m'efforcerois de la ſoutenir. De la droiture & de la probité, lui dis-je, vous en trouverez une ſource inalterable dans le fond de mon cœur. Mais je crains qu'un homme, accoutumé comme vous aux façons d'agir du grand-monde, ne ſe contente point de mes manieres ſimples, & peut-être un peu groſſieres. Voyez-vous, lui dis-je avec ma naïveté ordinaire, j'ai entendu dire mille fois à ma Mere, & j'ai lu dans les meilleurs Auteurs, que rien n'eſt plus dangereux qu'un homme poli qui n'eſt point honnête-homme, parce qu'il ſçait prendre toute les apparences de la bonté, & qu'il n'en a jamais les ſentimens. Je ſuis bien éloigné, ajoûtai-je, d'avoir cette idée de vous. Mais ſi vous ſouhaités que nous devenions Amis, il faut que vous me promettiés de ne me tromper jamais. Il me répondit avec beaucoup de bonté, qu'il me le promettoit; & que je devois juger aiſément, par le retour de franchiſe avec lequel il venoit de s'ouvrir à moi, que non ſeulement il avoit reconnu la mienne ; mais que c'étoit la ſeule raiſon qui lui fit deſirer mon amitié. Vous êtes donc tel, repris-je, que j'ai prié le Ciel de m'accorder un Ami : qu'il en ſoit loué ! Mon cœur me l'a bien fait ſentir, au premier moment que je vous ai vu. Je vous promets à mon tour que vous me trouverés toûjours ſincere & fidele à vous aimer, & que j'employerai volontiers ma vie même pour vous rendre ſervice. Il ne put s'empêcher de ſourire, du ton candide & affectueux avec lequel je prononçai ces paroles ; & m'ayant embraſſé tendrement, il m'aſſûra que j'étois tel auſſi qu'il deſiroit, pour me regarder & me chérir comme un Frere ; que notre captivité devant finir apparemment dans le même tems, puiſqu'elle avoit la même cauſe, il vouloit que j'attachaſſe ma fortune à la ſienne ; & qu'il s'engageoit à m'aimer, & à me rendre ſes ſervices avec le même zele que je lui avois offert les miens. L'Empire du monde m'auroit moins flaté, que le bien que je crus avoir acquis par cette assurance. Ma joye fut visible, & si naturelle, qu'elle eut le pouvoir d'adoucir les ameres douleurs du Vicomte d'Axminster. Il me témoigna lui-même, qu'il sentoit du changement dans son cœur, & qu'il le devoit à cette cause. Nous continuâmes à nous entretenir. Notre entretien augmenta cette premiere ardeur d'estime & d'amitié mutuelle, par la satisfaction que j'eus de lui trouver du goût pour les sciences, & par celle qu'il sentit de son côté en découvrant qu'il n'y avoit point de belles connoissances, dans lesquelles je ne fusse plus versé qu'on ne peut être communément dans une certaine jeunesse. Il me croyoit néanmoins plus âgé que je n'étois. Mes occupations sérieuses avoient formé de bonne-heure les traits de mon visage. Il fut ſurpris d'apprendre que je n'avois pas plus de ſeize ans ; & il eut la complaiſance de me dire, que j'étois peut-être un exemple unique de tant de ſageſſe & de maturité d'eſprit, à cet âge.

La nuit approchant, je lui parlai de l'embarras où j'allois être pour retrouver l'entrée de la Caverne qui répondoit à ma demeure. Il me propoſa de demeurer avec lui juſqu'au lendemain : mais la crainte de cauſer trop d'inquietude à James, qui devoit être ſurpris d'une abſence de deux jours, me fit inſiſter à retourner le ſoir même. Le Vicomte ne ſçavoit pas mieux que moi, de quel côté il falloit chercher la petite Vallée de Madame Riding : cependant, comme il avoit pénetré fort avant dans la Caverne, il lui vint à l'eſprit de me demander, ſi je ne me ſouvenois point de quelque endroit remarquable, juſqu'où il lui ſeroit peut-être arrivé d'aller. Je lui parlai de la Riviere : il n'avoit jamais pénetré jusques là. Je me rappellai l'inscription que j'avois vuë sur le roc, & dont la peur de l'interrompre m'avoit empêché de lui parler lorsqu'il m'en avoit touché quelque chose dans sa narration. Je lui en répétai même les mots, que j'avois retenus. Il connoissoit parfaitement le souterrain jusqu'à ce lieu ; l'ayant assûré que de là je me rendrois facilement à ma chambre, il s'offrit à m'y conduire sur le champ.

Il appella son Valet, que je n'avois pas encore vu, & lui ayant donné ordre d'allumer un gros flambeau & de marcher devant nous, nous nous enfonçames dans les profondeurs de notre ténebreux domicile. Nous gagnames en une demie heure le lieu de l'Inscription. Le Vicomte m'en fit appercevoir plusieurs autres en allant qui n'étoient pas moins touchantes ; je le pressai de retourner aussi-tôt que je commençai à me reconnoitre ; il eut l'honnêteté de vouloir m'accompagner jusqu'à ma chambre. Je le priai, lorsque nous en approchames, de permettre que je marchasse quelques pas devant lui, pour m'assûrer qu'il n'y étoit point arrivé de changement pendant mon absence. La porte étoit fermée quoique je l'eusse laissée ouverte. Je jugeai que c'étoit James, qui avoit eu ce soin. Mais je fus surpris, étant prêt à l'ouvrir, d'entendre la voix de deux personnes qui s'entretenoient avec chaleur. Je prêtai l'oreille, & je reconnus que c'étoit Madame Riding qui querelloit James de sa négligence, à laquelle elle attribuoit ma perte, qu'elle croyoit certaine. Cette Dame ne faisoit qu'arriver de Londres. Je ne crus pas devoir lui faire connoitre que j'étois si proche d'elle, sans avoir prévenu Mylord Axminster. Je retournai vers lui; il marqua de l'inquietude, en apprenant qu'il alloit paroitre devant des personnes qu'il ne connoissoit point. Cependant lorsque je lui eus expliqué le caractere de Madame Riding, & que c'étoit cette même Dame à qui j'étois redevable de ma vie & de ma sûreté, il consentit à la voir. Nous frappames à la porte. Elle fut au comble de la joie, en m'appercevant. Je lui racontai mon avanture, & le bonheur que j'avois eu de rencontrer le Vicomte d'Axminster, qui m'avoit sauvé la vie, & qui m'avoit accordé quelque chose encore de plus précieux, en me promettant son amitié. Elle fut extrêmement surprise de trouver une personne de ce rang dans un si triste état. Elle n'ignoroit point le malheur qui l'obligeoit à se cacher; mais elle étoit persuadée, avec Cromwell & le reste du Royaume, qu'il étoit passé dans les Pays voisins. Cette généreuse Dame lui donna des marques si naturelles de respect & de compassion pour sa mauvaise fortune, qu'elle s'attira tout d'un coup sa confiance. Il m'embrassa la larme à l'œil, en me disant, qu'il avoit gagné autant que moi à me ſauver la vie ; puiſqu'avec mon amitié, il acqueroit celle d'une Dame ſi aimable & d'un ſi excellent naturel. Il ne fit point difficulté de lui apprendre qu'il avoit, comme moi, ſon aſyle dans la Caverne ; il lui parla même de ſon Epouſe & de ſa Fille ; & il la pria, ſi elle croyoit le pouvoir ſecretement, d'aller quelquefois conſoler, par ſa préſence & ſon entretien, deux infortunées qui n'avoient eu depuis ſix mois nul commerce avec les vivans.

Madame Riding tomba dans un extrême étonnement, en apprenant que Mylord Axminſter, ſon Epouſe, & ſa Fille, demeuroient depuis ſix mois dans cette horrible ſéjour. Quoique ce Seigneur eût des Terres conſiderables à une diſtance médiocre de la ſienne, elle ne l'avoit jamais vu, parce qu'il faiſoit ſa demeure ordinaire à Londres. Mais ſa généroſité, qui la rendoit l'Amie de tous les malſieureux, lui fit bientôt prendre un ſenſible intêret à la mauvaiſe fortune de cette famille affligée. Elle marqua au Vicomte une vive impatience de voir ſon Epouſe & ſa Fille, & elle lui demanda cette ſatisfaction dès le même ſoir. Il la pria de remettre ſa viſite à la nuit ſuivante, ayant deſſein de les prévenir ſur cette entrevue. Pour moi, qui devoit vivre deſormais familierement avec lui, je l'aurois prié de conſentir que j'accompagnaſſe ſon retour, ſi Madame Riding n'eût ſouhaité de m'entretenir en particulier, & ne m'eût prié de demeurer cette nuit avec elle. Mylord Axminſter nous quitta.

Lorſque je fus ſeul avec cette Dame, nous commençames un de ces entretiens où l'eſprit a moins de part que le cœur. Je ne l'avois pas vue, depuis la mort de ma Mere : des affaires preſſantes l'avoient retenue à Londres. C'étoit la premiere fois qu'elle venoit au Tombeau de ſa cher re Amie, pour lui rendre les derniers devoirs de l'estime & de l'amitié. Il étoit, comme j'ai dit, au milieu de ma chambre; James le lui avoit déja montré. Elle m'en fit approcher, en me prenant par la main: C'est donc ici, me dit-elle, que vous avez jugé à propos de renfermer les cendres de votre malheureuse Mere. C'est ici que la constance, la droiture, la bonté, toutes les perfections du corps & les vertus de l'ame sont ensevelies avec cette chere personne. La Terre n'y devroit plus produire que des fleurs, & exhaler des vapeurs agréables. Ciel! continua-t-elle en y levant les yeux, tes recompenses doivent être bien magnifiques pour la Vertu, puisque tu prens si peu de soin d'elle ici-bas! comment pourrions-nous expliquer autrement ta Justice? Son partage sans doute est dans une vie plus heureuse; c'est dans ton sein que tu la couronnes; c'est dans cette source de gloire & de félicité, que ma chere Amie goûte enfin les douceurs d'un éternel repos, après avoir été si long-tems l'objet de la malignité des hommes, & le jouet de tes ennemis & des siens. Que son bonheur soit donc à présent le soin de ton amour, & l'ouvrage de ta puissance ! Et vous, ajouta-t-elle en s'adressant à moi, vous qui êtes demeuré après elle pour fournir peut-être une carriere d'infortune encore plus longue, quels vœux mon amitié doit-elle faire pour vous ? Vous souhaiterai-je des prosperités, que l'exemple & les instructions de votre Mere vous ont appris à mépriser ? J'entrerois mal dans ses vues, & dans vos sentimens. Quelque sort que le Ciel vous destine, puissiez-vous être aussi vertueux qu'elle ! Voilà le souhait de mon affection.

Après cette effusion de tendresse & de zéle, Madame Riding s'assit pour m'entretenir d'une maniere plus paisible. Elle me dit que quoique le principal de ces ſouhaits fût de me voir ſuivre fidelement les leçons de ma Mere, elle n'étoit pas d'avis que je duſſe abſolument négliger le ſoin de ma fortune ; qu'étant devenu le maître de ma conduite, il faloit penſer à me faire un plan de deſſeins ſages pour l'avenir ; que la prudence, à la verité, ne me permettoit point de paroître en Angleterre pendant la vie de mon Pere ; quoique le danger ajouta-t-elle, fût moins grand depuis que j'étois ſeul, qu'il ne l'étoit lorſque j'avois la compagnie de ma Mere ; mais qu'il y avoit d'autres voyes que celle de la ſolitude, pour me mettre en ſûreté ; & qu'elle en connoiſſoit une, à laquelle elle me conſeilloit de m'arrêter ? que c'étoit de ſortir du Royaume, pour aller joindre le Roi Charles II. notre légitime Maître, & pour m'attacher à ſon ſervice ; qu'en prenant les armes à ſa ſuite, & en employant mon bras pour ſa querelle, j'aurois un moyen autoriſé par le le Ciel, de me vanger des cruautés de mon Pere; que les Anglois ouvriroient à la fin les yeux pour reconnoitre leur devoir; que l'usurpation finiroit tôt ou tard, par le renversement, ou du moins par la mort de Cromwell; que ce seroit alors pour moi un avantage infini, de pouvoir rentrer en Angleterre avec la connoissance de mon Roi, & le mérite d'avoir embrassé sa cause; qu'elle se chargeoit de la dépense de mon équipage, & qu'elle me mettroit en état de paroître à sa suite avec honneur; qu'il étoit nécessaire de me déterminer promptement, parce qu'on parloit d'une paix generale entre toutes les Puissances de l'Europe, & qu'il lui sembloit à propos que je pusse faire l'offre de mes services au Roi, avant la conclusion de la Guerre: que si j'entrois dans ses vuës, elle hâteroit tellement les préparatifs de mon départ, qu'il dépendroit de moi de quitter le Royaume avant la fin de la ſemaine.

J'eus beaucoup de peine à goûter cette propoſition. Je la trouvai même effrayante. Ce paſſage ſi prompt, de la ſolitude où j'étois accoutumé de vivre, à la vie d'un Homme de guerre & d'un Courtiſan, me fit naître des idées ſi nouvelles, qu'elles me causerent une eſpece de tremblement. Je ne cachai point mon inquiétude à Madame Riding. Je puis, lui dis-je, vous avouer la vérité ſans honte, puiſque vous ſçavez de quelle maniere j'ai été élevé. A peine ai-je parlé à deux hommes dans toute ma vie. Quel perſonnage ferai-je dans une Armée ou à la Cour, dont j'ignore les manieres & les uſages? Ce n'eſt pas que je croye manquer de courage & de reſolution; mais je ſens que la façon dont j'ai vêcu juſqu'aujourd'hui ne me rend point propre au commerce du grand monde. La converſation, ajoûtai-je que j'ai eu aujourd'hui avec Mylord Axminſter, m'a fait appercevoir bien du ridicule dans mes manieres, par l'extrême difference que j'ai remarqué dans les siennes. Madame Riding se mit à rire. Elle me répondit, qu'il me manquoit, à la verité, quelque chose du côté de la politesse; mais qu'un peu d'usage serviroit à me former plus promptement que je n'esperois. Je ne pus néanmoins lui promettre de suivre son projet, sans avoir pris quelque tems pour y réfléchir. Je m'occupai de cette pensée pendant toute la nuit. Mylord Axminster revint à ma Grotte le lendemain au matin. Je n'avois point encore pris de résolution. Sa présence me fit plaisir. Je lui découvris mon embarras, & je le priai naturellement de me dire ce qu'il pensoit de mes qualités personnelles, & de mes dispositions pour le monde. Il trouva cette question plaisante. Cependant après avoir soûri modestement de ma simplicité; Je vous tromperois, me dit-il, si je vous assûrois qu'il ne vous manque rien pour paroître avec distinction dans un certain monde. Les vertus dont vous avés fait vôtre étude, sont un foible mérite aux yeux de ceux qui ne les possedent pas. Ceux mêmes qui les estiment, ne les aiment point trop farouches & trop austeres. Il faut qu'elles sçachent se prêter un peu à la foiblesse & à la corruption des hommes. Dans le fond, vous êtes d'un caractere doux & humain, ajoûta-t-il; je vous ai déja assés vu pour le reconnoitre: mais votre droiture s'exprime peut-être trop naturellement. Vous vous êtes formé une juste idée des hommes, en les regardant pour la plûpart comme des méchans & des trompeurs; mais cette opinion doit se tenir renfermée au fond du cœur, pour y servir seulement de regle & de motif à la prudence des actions. Il me donna pour exemple, la maniere dont je m'y étois pris la veille pour lui demander ſon amitié. Vous m'avés marqué d'abord, continua-t-il, une défiance & une crainte, qui avoient quelque choſe d'offenſant ; & paſſant tout d'un coup à l'extrêmité oppoſée, vous vous êtes livré ſans réſerve, ſur la ſimple aſſûrance que je vous ai donnée de ma franchiſe. Voilà, tout à la fois, deux excès. Le premier auroit pu déplaire à tout autre qu'à moi, & vous attirer une réponſe fâcheuſe ; le ſecond vous faiſoit expoſer votre propre vie, en découvrant trop facilement votre ſecret : un perfide auroit pu ſe ſervir de cette facilité pour vous tromper. Pour moi qui joint quelque expérience à ma ſincerité, j'ai reconnu tout d'un coup le fond de vos principes, & je n'ai pas fait difficulté à mon tour de m'ouvrir à vous avec beaucoup de confiance, ſur-tout après avoir entendu le recit de vos malheurs & de ceux de votre Mere. Mais ce que j'ai fait avec diſcernement, vous l'aviés fait avec un peu d'imprudence & de témerité. J'embrassai ce cher Ami avec ardeur, & je le remerciai d'un conseil dont je sentois l'importance. De combien d'autres avis, lui dis-je, n'aurois-je pas besoin pour devenir propre à la societé des hommes ? Cependant, Madame Riding veut me faire partir pour aller à la Cour du Roi Charles. Je lui rapportai là-dessus le discours & la proposition de cette Dame. Il en fut surpris. La verité étoit, qu'elle en avoit cru trop legerement son zele. Elle en convint elle-même le soir, lorsque le Vicomte s'en expliqua avec elle, à ma priere. En effet je me suis étonné mille fois depuis, en rappellant quelle étoit alors ma naïveté, & je puis dire la grossiereté de mes manieres, que cette Dame, qui avoit d'ailleurs autant de politesse & d'esprit que de bonté, eût pu former sur moi des desseins que j'étois si peu capable de remplir. Je n'ai pas moins de peine à comprendre comment il étoit arrivé que ma Mere, qui avoit été élevée à la Cour, & à laquelle il ne manquoit sans doute aucune des qualités qui rendent une femme aimable, puisqu'elle avoit merité la tendresse d'un grand Roi, eût pu négliger jusqu'à un tel point cette partie importante de mon éducation. L'ardeur infinie qu'elle avoit conçûë pour l'étude, lui faisoit regarder tout ce qui n'y avoit point de raport, avec indifference. Elle s'étoit promis apparemment que l'âge & les occasions me feroient acquerir peu à peu ce qu'elle ne jugeoit pas nécessaire à mon enfance. Toute son attention étoit à m'inspirer de solides principes de vertu, & des regles constantes de raison & de sagesse. On verra dans le cours de mon Histoire qu'elle ne perdit point absolument ses peines ; du moins si l'on s'en rapporte au témoignage d'un puissant Roi, qui m'a honoré dans la ſuite du glorieux nom de Philoſophe.

Mylord Axminſter m'ayant ainſi confirmé en véritable Ami dans la défiance que j'avois de moi-même, je le conjurai de me continuer ſes bontés, & de prendre occaſion de toutes mes fautes pour m'inſtruire par ſes conſeils. Je ſuis trompé, lui dis-je, ſi je n'ai le fond des ſentimens tel qu'il convient à un honnête-homme. J'avois beſoin ſeulement d'un Ami, qui pût les diriger. Pour ce qui regarde mes manieres exterieures, j'aurai une méthode ſûre pour les former; c'eſt de les régler ſur les vôtres. Il me promit tous ces ſoins. Je lui propoſai, pour me faciliter le plaiſir de le voir continuellement, de ſouffrir que j'abandonnaſſe ma Grotte, & que je fiſſe tranſporter mon lit dans la ſienne. Il parut y conſentir avec joye. Le changement s'exécuta l'après-midi du même jour, auſſi-tôt que James m'eut apporté ma nourriture. Le Vicomte

comte s'accommoda d'un repas frugal, que je le priai de partager avec moi; & nous attendîmes ensuite Madame Riding, qui nous avoit promis de revenir à la Caverne.

Elle vint au milieu de la nuit; c'étoit une précaution qu'elle prenoit toujours, pour éviter les soupçons de ses Domestiques. Nous nous mimes en chemin vers le quartier de Mylady Axminster. En allant, je renouvellai la conversation que j'avois eue la veille avec elle, & je priai le Vicomte de lui expliquer ce qu'il pensoit de sa proposition. Il le fit librement. Elle confessa, qu'elle n'avoit point assez consideré les raisons qui devoient m'arrêter; & elle admira la bonté de Mylord Axminster, qui se rabaissoit à prendre à mon égard l'emploi d'un Précepteur. Cet Ami généreux, voulant m'être utile de toutes manieres, lui demanda si elle pouvoit nous procurer un cheval, des fleurets, & divers autres instrumens d'éducation, dont il vouloit m'apprendre l'usage. Elle lui promit ce qu'il desiroit. Nous les eumes en effet, quelques jours après ; desorte que dans la plus déserte & la plus horrible de toutes les solitudes, je trouvai, par la générosité de ce Seigneur, des exemples & des leçons, qui égaloient ce que j'aurois pu esperer des meilleurs Maîtres.

Nous arrivames à la chambre de Mylady. Elle étoit prévenue sur notre arrivée, & sur le caractere de Madame Riding. Les cérémonies furent courtes. La confiance & l'amitié naissent tout d'un coup, entre les cœurs qui se ressemblent par la bonté. Mylady étoit dans sa langueur ordinaire. Si la conversation fut tendre & affectueuse, elle fut triste. Mylord n'étoit point capable de conserver sa fermeté auprès de sa chere Epouse; & nous ne l'étions pas non plus de le voir si affligé, sans prendre une vive part à sa douleur. Il tira Madame Riding à l'écart ; & comme il lui avoit été facile de remarquer que c'étoit une femme d'esprit & d'experience, il lui demanda ce qu'elle pensoit de la santé de son Epouse. Elle lui répondit avec ingénuité, qu'elle auguroit mal de son extrême affoiblissement ; & que, sans connoître la cause de sa maladie, elle la jugeoit mortelle. Elle ajouta, qu'une demeure plus commode, ou du moins un air plus sain, pourroit contribuer à la rétablir ; & elle lui offrit sa maison pour elle, en le pressant avec beaucoup d'instances de l'accepter. Il ne paroissoit point éloigné de cette offre. Ce n'eût point été une chose difficile, d'y faire transporter Mylady dans un carosse, & de feindre que c'étoit une Amie de Madame Riding qui arrivoit de Londres. Il n'étoit question que d'y faire consentir cette Dame affligée, qui étoit trop idolâtre de son Epoux pour l'abandonner un moment. Le Vicomte ne l'ignoroit pas: il appréhendoit même de lui causer quelque chagrin, par une telle proposition. Cependant, il la lui fit. Mais, qu'il avoit eu raison de craindre de l'affliger trop, en la faisant! Elle ne lui répondit d'abord que par une abondance de pleurs, dont elle arrosa sa main, qu'elle prit entre les siennes. Il sembloit que sa douleur ne pût s'expimer autrement. Mais sa bouche s'ouvrit enfin aux plaintes les plus tendres. Helas! lui dit-elle, vous en voulés à ma vie, je le vois bien, elle vous importune. La nature alloit la reprendre : pourquoi vous lassés-vous? encore un moment, & vous serés délivré de moi pour toûjours. Les larmes nous tomberent des yeux à nous-mêmes, en en voiant les siennes qui ne cessoient point de couler; & Mylord Axminster, aussi touché qu'elle & que nous tous ensemble, demeuroit comme immobile à l'entendre & à la regarder. Madame Riding qui étoit la cause innocente de ce trouble, prit la parole pour en faire des excuses à Mylady, & la prier de pardonner son imprudence à son zele.

Cette visite néanmoins produisit plus d'une utilité. Elle procura au Vicomte un nouveau remede contre l'excès de sa tristesse, dans l'agréable conversation de Madame Riding; & à Mylady des secours qu'elle n'avoit pu recevoir si facilement jusqu'alors. Madame Riding laissa passer peu de nuits sans les venir voir de la même maniere, ou sans leur envoyer à l'un & à l'autre tout ce qu'elle s'imaginoit de plus propre à leur santé ou à leur consolation. Pour moi dont l'amitié ne fit qu'augmenter tous les jours pour Mylord Axminster, je reçus aussi continuellement de nouveaux témoignages de la sienne. Nous devinmes inséparables. Son zele pour mon instruction ne ſe relâcha pas un moment. Il me fit faire en peu de mois, des progrès qu'on ne fait pas en une année dans la meilleure Académie. J'appercevois moi-même ſenſiblement le changement de mes manieres. Quoique l'étude fut toûjours mon goût dominant, je quittois volontiers mes livres pour aller à mes nouveaux exercices. J'apprenois à monter à cheval & à me ſervir de diverſes armes; je me formois à la bonne grace du corps; je devenois civil, prévenant, attentif à obliger; & je reconnoiſſois de plus en plus, qu'il manque quelque choſe aux ſciences les plus ſolides, & même à la vertu, lorſqu'elles ne ſont point accompagnées de quelque ſçavoir-vivre & de cet air de politeſſe qui les rend douces & aimables.

Une nouvelle révolution qui arriva dans mes ſentimens, ſervit beaucoup à hâter le ſuccès des ſoins de mon illuſtre Maître. C'eſt une circonſtance de ma vie que je veux expliquer avec ſoin, parce que quelque legere qu'elle ait été dans ſon origine, elle a donné depuis naiſſance à des évenemens ſi conſidérables, qu'ils compoſent la partie la plus intereſſante de mon Hiſtoire.

Je vivois ſi familierement avec Mylord Axminſter & ſon Epouſe, que je me regardois moins comme un Etranger, que comme leur propre Fils. Mon tems ſe paſſoit à recevoir les inſtructions de Mylord, ou à deſennuyer Mylady par la lecture d'un bon Livre, ou à donner moi-même à leur aimable Fille quelque teinture des Sciences qui peuvent convenir à ſon Sexe. Elle s'appelloit *Fanny*. Cette jeune perſonne avoit une extrême avidité d'apprendre. Son âge ne paſſoit point encore dix ans; mais rien n'ouvre tant l'eſprit que l'infortune. Elle avoit déja une pénétration, qui la faiſoit entrer tout d'un coup dans le ſens de mes diſcours & de ses lectures. Elle ne recevoit rien dans sa mémoire, qu'elle ne digérât par une attentive réflexion. Elle auroit refusé d'apprendre ce qu'elle n'auroit point compris parfaitement. Desorte que toutes ses idées étant claires & bien liées, elle tiroit de cette méthode une grande justesse d'esprit, & une facilité surprenante à s'exprimer. J'admirois ses talens naturels, & je n'épargnois rien pour les cultiver. Elle étoit avec cela d'une douceur admirable, & d'une sensibilité pour les moindres bienfaits, qui lui faisoit attacher le plus haut prix à mes soins. Sa reconnoissance se déclaroit à tous momens, par ses caresses innocentes, & par ses remercimens tendres & flateurs. Je lui renouvellois mes leçons plusieurs fois le jour; & quoiqu'à dix ans une fille cesse en quelque sorte d'être un Enfant, je la caressois moi-même sans précaution. Je la prenois souvent sur mes genoux, je l'embraſſois avec cette innocence ingénue qui ne penſe pas même à s'allarmer. Je tins aſſez longtems la même conduite, ſans y avoir fait une ſeule fois réflexion. Cependant, il s'allumoit pendant ce tems-là un feu ſecret dans mes veines, que je ſentis avant que d'en connoitre la nature. Les premieres lumieres que j'en eus, me vinrent d'une eſpece de frémiſſement que j'éprouvois à ſon approche, & qui ſe changeoit enſuite en un ſentiment délicieux lorſque je l'avois ſur mes genoux. Je ne pouvois me reſoudre à la quitter, lorſque je la tenois dans cette tendre poſture. Je l'approchois de mon cœur, comme naturellement, & ſans réflexion. Il me ſembloit qu'il s'ouvroit pour la recevoir; il ſe refermoit enſuite triſtement, lorſqu'elle s'éloignoit. S'il m'arrivoit de lui faire lire quelque choſe auprès de moi, je perdois inſenſiblement l'attention que je devois à ſa lecture.

Je tombois dans une distraction profonde, dont je revenois sans pouvoir me rappeller de quoi j'avois eu l'esprit occupé. Je me surprenois, les yeux attachés languissamment sur elle; & je les baissois tout d'un coup, avec une espece de honte. Je me demandois ensuite avec étonnement, ce qui pouvoit la causer. Bien-tôt, je ne fis plus un pas ni au dehors ni au dedans de la Caverne, sans avoir son image incessamment présente. Je la voyois en songe; je me trouvois plein de son idée en m'éveillant, & je brûlois d'impatience de retourner auprès d'elle: là, j'écoutois attentivement tout ce qu'elle disoit. J'étois ému du son même de sa voix. Tout ce qu'elle avoit touché me sembloit avoir acquis une qualité nouvelle. Enfin l'amour n'a point de symptome, que je n'eusse éprouvé avant que de m'appercevoir que j'étois effectivement la proye de cette violente maladie. Ce n'est pas que je n'eusse appris par mes lectures, & par le récit de diverses Histoires, qu'il y avoit une passion de ce nom; qu'elle étoit dangereuse; & que souvent l'on s'en trouvoit atteint, sans l'avoir prévu, & sans pouvoir s'en garantir: mais comme les sentimens ne se représentent point par des idées, il me falloit de l'expérience pour les sçavoir connoitre. Je l'acquis ainsi, dans un tems où rien n'étoit plus contraire aux interêts de ma fortune & de mon repos.

Je ne prétends point me faire honneur de mes combats & de ma résistance. J'avoue naturellement, que si l'amour est une tache pour la sagesse, c'est injustement qu'on m'a donné le nom de Sage, & qu'on m'a attribué quelque vertu. Il s'empara de mon cœur par une espece de surprise; mais je ne m'effrayai point de l'y appercevoir. J'étois persuadé, suivant les principes de la Philosophie de ma Mere, que les mouvemens simples de la nature, quand elle n'a point été corrompuë par l'habitude du vice, n'ont jamais rien de contraire à l'innocence. Ils ne demandent point d'être reprimés, mais seulement d'être reglés par la raison. Loin donc de me reprocher de la foiblesse, ou de sentir quelque honte de ma défaite, je confesse que je me crus heureux du changement que j'éprouvois. Il n'y a qu'à faire attention de quelle maniere j'avois été élevé. Toute ma vie s'étoit passée tristement dans la solitude. A peine m'étois-je apperçu que j'eusse un cœur, tant il m'étoit arrivé rarement de le sentir ému. L'étude a des douceurs, mais mélancoliques, & toûjours uniformes. Je n'avois même goûté qu'imparfaitement les tendresses de la nature, car ma mere étoit Philosophe jusques dans ses caresses & son affection. Je pouvois me compter au nombre de ces enfans malheureux à qui leurs parens n'ont jamais souri. Rien n'égala donc l'avidité de mon cœur à recevoir les premiers ſentimens de l'amour. O Dieu ! m'écriai-je après quelques réflections qui me firent découvrir la véritable ſituation de mon ame, je ne ſçai à quoi vous me deſtinés ; mais ce que j'éprouve ne ſçauroit être un effet de votre haine, ni un préſage de mauvaiſe fortune : c'eſt la félicité-même, qui ſemble ſe répandre tout d'un coup dans mon cœur. Comment ai-je pû ignorer juſqu'à préſent que j'étois capable d'un tel bonheur, & pourquoi les hommes ſe plaignent-ils donc tant de la nature ? Cependant, ajoûtai-je en moi-même, allons bride en main. L'amour eſt une charmante paſſion, je le ſens bien ; c'eſt une paſſion innocente, du moins par rapport à moi qui n'ai point cherché à la faire naître, & qui ai vêcu juſqu'à préſent avec aſſés de vertu pour n'avoir rien dans le cœur qui puiſſe venir d'une mauvaiſe ſource. Mais on dit que c'eſt une paſſion dangereuſe, qui a beſoin d'un frein continuel; que ſi elle manque d'être ainſi retenuë, elle endort la vertu peu à peu, lors même qu'elle eſt en bonne intelligence avec elle; & qu'elle la trahit & la ruine à la fin. Ne nous livrons donc à elle qu'avec les précautions qu'elle demande. La premiere ſera, de conſerver toûjours ce ſoin exact de la regler, puiſqu'il eſt ſi néceſſaire. J'y trouverai peu de difficulté, continuai-je; car quel ſeroit le fruit de mes études & des inſtructions de ma Mere, ſi je n'en tirois aſſés de force pour obtenir quelque empire ſur moi-même? Je trouverai ſans ceſſe dans mes livres, dans mes réflexions, & dans la droiture de mon cœur, le contrepoids des dangers de l'amour. L'étude ſervira, s'il ſe peut, à me rendre ſage; & l'amour, à me rendre heureux. Une autre précaution que je veux prendre, & qui peut me raſſurer ſeule contre toutes ſortes de défiances, c'eſt de découvrir naturellement mes diſpoſitions à Mylord Axminſter. Je veux qu'il ſoit mon Juge. Il aime ſa Fille, il m'aime, il a l'expérience du monde & de l'amour; ſes conſeils ſerviront de regle à ma conduite & à mes ſentimens.

Telles furent mes premiere réſolutions. Je les conſiderai de nouveau, aprés les avoir formées. Elles me parurent ſages & vertueuſes. J'étois aſſuré qu'elles étoient ſinceres. Je n'eus pas le moindre ſcrupule après cela ſur ma paſſion, & je retournai avec empreſſement à la chambre de Mylady, pour y goûter la ſatisfaction d'être auprès de ce que j'aimois. Il me ſembloit, qu'après cet examen de mes ſentimens, j'allois me trouver moins embaraſſé avec elle, & la careſſer avec plus de liberté que jamais. J'entrai. Mais ſi je commençois à connoître par expérience ce que c'étoit qu'un ſentiment d'Amour, j'ignorois encore les bizarres effets de cette passion. L'air ouvert & familier avec lequel je me disposois à aborder l'aimable Fanny, m'abandonna lorsque je fus auprès d'elle, & qu'elle eût jetté ses regards sur moi. Je demeurai muet & tremblant, sans pouvoir faire un effort pour vaincre cet accés de timidité. Mon dessein avoit été de l'embrasser, selon ma coutume; je sentis que je manquois de hardiesse, & je ne trouvai point mes bras prêts à m'obeïr. Elle s'apperçut du trouble qui paroissoit dans mes yeux, & l'attribuant peut-être à quelque chagrin, elle vint elle-même à moi pour me divertir par ses caresses. Ses mains n'eurent pas plûtôt touché les miennes, que mon visage se couvrit d'une rougeur extraordinaire, comme si c'eût été l'effet involontaire de quelque honte. Je me dégageai d'elle avec plus de respect & de reserve, qu'elle n'avoit accoutumé d'en remarquer dans mes manieres. Elle me me demanda la cauſe de cette apparente froideur, qu'elle prenoit pour triſteſſe ; & elle fut étonnée de me voir auſſi embaraſſé dans ma réponſe, que je l'étois dans mon action.

Surpris moi-même au dernier point de ce qui venoit de m'arriver, je pris le parti de ſortir preſque auſſi tôt, & d'aller me promener ſeul à l'entrée de la Caverne, pour m'éclaircir ſur mes propres diſpoſitions, & chercher la raiſon d'un ſi étrange changement. Suis-je déja guéri de l'Amour ? diſois-je en moi-même ; eſt-ce là cette paſſion que je croyois ſi tendre & ſi ardente, & dont je me promettois tant de douceurs ? Loin d'aimer Fanny, ajoutois-je, je la hais aſſurément ; car il n'y a que la haine qui puiſſe inſpirer l'émotion & la contrainte où je viens de me trouver en ſa préſence. Je ſuis tout different des autres hommes ; je ſuis un Monſtre, comme je l'ai penſé autrefois ; car il n'eſt pas naturel qu'on puiſſe paſſer ainſi tout d'un coup, de l'amour à la haine. Je retombai là-dessus dans toutes les idées que j'avois eues autrefois de mon caractere, & je me plaignis long-temps de la Nature, beaucoup plus que de la Fortune. Après toutes mes plaintes, je ne sentis pas que mon penchant à retourner auprès de Fanny fut diminué. Au contraire, mon cœur voloit vers elle. Il murmuroit de ce que je l'avois quittée si brusquement, & de ce que j'avois si mal répondu à l'inquiétude obligeante qu'elle m'avoit marquée pour ma santé. Une vive impatience me prit de retourner à sa chambre, & de me jetter à ses pieds pour les baiser mille fois. J'y allois sans me donner le tems d'examiner ces nouveaux sentimens, & sans me demander pourquoi je pensois à me jetter à ses pieds, plûtôt qu'à l'embrasser comme j'étois accoutumé : mais ayant apperçu le Vicomte qui revenoit de prendre l'air aux environs de la Caverne, & qui étoit prêt à rentrer comme moi, je fus obligé de le joindre.

Sa rencontre ne me causa point de peine, quoiqu'elle m'empêchât de suivre le mouvement de mon cœur. Je résolus en l'appercevant, de lui découvrir ma situation, comme je me l'étois proposé. J'allai vers lui, & je le priai de faire encore un tour de promenade avec moi. Il y consentit. Mais comme j'étois prêt à ouvrir la bouche pour m'expliquer avec confiance, ma voix s'éteignit tout d'un coup, & je me trouvai presque aussi muet que je l'avois été auprès de Fanny. Mylord, qui avoit cru remarquer à mon air que j'avois quelque chose à lui communiquer, me regarda fixement, comme s'il eût été surpris de mon silence. Il me fut impossible de m'empêcher de rougir ; & ne me trouvant point assez de hardiesse pour parler, je laissai échaper malgré moi quelques soupirs, qui trahissoient l'inquiéte disposition de mon ame. Il me demanda avec empreſſement, à quoi il devoit les attribuer. A rien, lui dis-je triſtement. Ce fut en vain qu'il me ſollicita de lui en apprendre davantage. Je recueillis mon eſprit & mes forces; mais ce ne fut que pour lui faire perdre la penſée que j'euſſe eu deſſein de l'entretenir d'autre choſe que de matieres indifferentes. Il rentra dans la Caverne. Je demeurai ſeul dehors, pendant quelques momens, pour m'interroger encore ſur cette avanture, à laquelle je ne pouvois trouver ni de cauſe, ni de nom. Y eut-il jamais rien de ſi étrange, diſois-je? Pourquoi ai je donc reçu une langue de la Nature, ſi ce n'eſt pour m'exprimer? Qui m'empêchoit d'ouvrir la bouche? N'étoit-ce pas pour parler de mon amour à Mylord, que je l'avois prié de s'arrêter? Enfin, à force d'examiner tous les replis de mon ame, je crus avoir démêlé que c'étoit la honte qui m'avoit retenu; & cet éclairciſſement jetta auſſi quelque lumiere ſur ce qui m'étoit arrivé auprès de Fanny. Voyons, dis-je auſſitôt ; ayons recours à ma regle. S'il eſt vrai que tous mes ſentimens naturels ſont encore droits & bien ordonnés ; celui ci doit avoir une cauſe juſte, qu'il faut tâcher d'approfondir. Je la cherchai par une infinité de réflexions : & comme la ſimplicité de mon eſprit n'empêchoit pas que je ne l'euſſe, s'il m'eſt permis de le dire, aſſez juſte & aſſez pénetrant, je découvris à la fin, que la honte que j'avois eu de m'expliquer avec Mylord Axminſter, avoit été non ſeulement juſte ; mais l'effet, quoique d'une maniere envelopée & confuſe, d'un principe de raiſon & déquité que j'euſſe dû ſuivre de même, ſi j'y euſſe fait auparavant une plus claire attention. En un mot, je fus frappé, en y réfléchiſſant, de la diſproportion qu'il y avoit entre la fortune du Vicomte & la mienne. Sa naiſſance & ſon rang l'élevoient infiniment au-deſſus de moi. Je ne l'aurois pas valu, quand j'aurois été le fruit du mariage de Cromwell; combien moins, n'étant que le Fils de sa Maîtresse? Il est vrai que nous étions Compagnons d'infortune; mais le point qui faisoit notre difference, étoit attaché à nos personnes. C'étoit ma crédule grossiereté; qui m'avoit fait illusion, en ne me faisant envisager que sa bonté & son amitié, tandis qu'elle me cachoit l'inégalité de nos conditions. J'attribuai à la même cause, la timidité que j'avois eue auprès de sa Fille, c'est-à-dire, à un respect secret & naturel, qu'une haute naissance s'attire; & dont je n'avois pu me défendre au moment que j'allois y manquer en lui découvrant grossierement ma passion. Je me trompois, peut-être, par rapport à elle; ou du moins, je n'attribuois mon silence qu'à la moitié de sa cause, lorsque je l'attribuois au seul respect que m'avoit inspiré la grandeur de sa naissance: ma tendresse, sans doute, y avoit eu la meilleure part. Mais si j'étois capable alors de raisonner juste sur les idées de l'Ordre, j'étois trop novice encore en fait de sentimens, pour savoir qu'un veritable Amour inspire plus de respect pour une Bergere aimée, que la noblesse du sang pour la premiere Princesse du monde.

Cette découverte mit beaucoup de changement dans mes premieres idées. Elle me fit balancer d'abord, si mon amour lui-même n'étoit pas contraire à l'Ordre, & par consequent au Devoir & à la Vertu. Attaché comme j'étois à mes principes, j'aurois entrepris infailliblement de faire violence à mon cœur, si j'eusse cru n'y pouvoir souffrir ma passion sans une criminelle indulgence. Mais il me parut, après un sincere examen, que les Droits de la Nature étant les premiers de tous les Droits, rien n'étoit assez fort pour prescrire contre eux; que l'Amour en étoit un des plus sacrés, puiſqu'il eſt comme l'ame de tout ce qui ſubſiſte? & qu'ainſi tout ce que la raiſon ou l'ordre établi parmi les hommes pouvoient faire contre lui étoit d'en interdire certains effets, ſans pouvoir jamais le condamner dans ſa ſource. Je me réſolus, ſur ces fondemens, à ne point combattre mon inclination pour Fanny, & à tirer de ma tendreſſe tout ce que je pouvois en eſperer pour mon bonheur. Mais je ne promis pas moins fortement au Ciel, de ne laiſſer jamais rien échaper qui pût bleſſer l'ordre, & me rendre criminel. Je m'attachai à ces deux réſolutions, d'une maniere inébranlable. J'avois trop peu de connoiſſance de la nature du cœur, pour prévoir ce que me coûteroit un jour ma conſtance à les obſerver; mais c'étoit aſſez que j'euſſe reconnu mon devoir, pour ne pas demeurer un moment indéterminé à le ſuivre.

Le premier fruit de mes réſolutions

tions fut de me faire mettre plus de reſerve & de circonſpection dans mes manieres, ſoit à l'égard de Mylord, ſoit avec ſon aimable Fille. Selon mon projet, il ne devoit jamais s'appercevoir des ſentimens que j'avois pour elle; & je ne devois les laiſſer connoitre à elle-même, que par des ſoins & des ſervices, plus ardens peut-être, & plus aſſidus que ceux qui partent d'un cœur indifferent; mais moins déclarés que ceux d'un amant à qui l'eſperance eſt permiſe. Je condamnai ma langue à un éternel ſilence. Ce que j'avois éprouvé me faiſoit croire qu'elle n'auroit point de peine à le garder. Je retournai dans la Caverne, après m'être affermi dans ces ſpéculations, & j'en commençai auſſi-tôt la rigoureuſe pratique. J'abordai Fanny avec moins d'embarras que je n'avois fait une heure auparavant, mais d'un air plus composé & plus ſérieux. Je retranchai l'exceſſive familiarité avec laquelle j'en avois usé jusqu'alors: il me sembloit que mes caresses avoient changé de nature avec mes sentimens, & que je ne pouvois plus les regarder comme innocentes. Mon zele pour son instruction ne fit qu'augmenter; mais les soins que j'y apportois ne pouvoient trahir leur cause, parce qu'il étoit naturel que Mylord les expliquât comme un effet de la reconnoissance que j'avois pour les siens. Cependant comme il étoit clairvoyant, & que de mon côté je n'étois pas assés habile pour prendre cet air aisé sans lequel on ne soûtient pas long-tems un personnage contrefait, il découvrit par ma contrainte, que j'étois agité de quelque mouvement extraordinaire. Il me pressa de lui ouvrir mon cœur. Ses instances furent si tendres, qu'elles penserent plus d'une fois m'arracher mon secret. J'eus la force, néanmoins, d'y resister. Il se passa presque un an entier, pendant lequel j'observai conſtamment la même conduite. Je voyois Fanny continuellement, j'admirois ſes charmes, je me livrois en ſecret au plaiſir de l'aimer; & la ſeule marque que je lui donnai de mon amour, fut de retrancher celles que je l'avois accoutumé à recevoir de mon amitié.

La mort de Mylady vérifia enfin la prédiction de Madame Riding. Le Ciel lui fit une faveur, en finiſſant ſes langueurs & ſes peines. C'en étoit une auſſi pour le Vicomte; car les continuelles ſouffrances d'une Epouſe ſi chere rendoient ſa vie ſi triſte & ſi malheureuſe, qu'on auroit eu peine à le trouver un ſeul moment tranquile. Cependant il ſentit auſſi vivement ſa perte, que s'il eût perdu tout ſon bonheur avec elle. Il en fut long-tems inconſolable. Les bons offices de Madame Riding, & les ſoins de ſa Fille & les miens, adoucirent peu à peu les amers ſentimens de ſon ame. Nous le fimes conſentir à souffrir la vie ; & pour achever de le guérir, Madame Riding lui proposa de quitter cette sombre demeure, où depuis si long-tems il n'avoit pas cessé de s'affliger. Il n'étoit pas question de retourner à Londres, ni de penser à demeurer en Angleterre. La haine de Cromwell n'étoit pas éteinte : le Vicomte avoit toûjours à craindre les mêmes périls. Mais comme il n'étoit demeuré dans le Royaume après l'affaire de Windsor, que pour ne pas abandonner son Epouse qui n'étoit pas en état de le suivre, Madame Riding le pressa de quitter un séjour qui convenoit aussi peu désormais à la situation de son esprit, qu'à celle de sa fortune. Je perdrai ce que j'ai de plus cher, lui dit cette bonne Amie, en vous voyant partir avec votre Fille & Cleveland : mais c'est vôtre interêt qui le demande. Je vous conseille de suivre le parti que je proposois à Cleveland, il y a un an ; c'est-à-dire, de passer en France, où l'on assûre que le Roi Charles est à présent. Il reverra volontiers de si illustres Serviteurs, & vous aurés du moins auprès de lui un asyle agréable. Mylord Axminster ne goûtoit point d'abord cette proposition. La haine qu'il conservoit encore pour la vie, lui faisoit souhaiter de l'achever dans les ténebres de notre solitude, & auprès du tombeau de son Epouse. Pour moi, qui trouvois dans sa présence & dans celle de sa Fille de quoi borner tous mes desirs, il m'étoit indifferent de changer de demeure, dès qu'il m'étoit accordé de suivre ces deux cheres personnes. Je le laissai raisonner sur cette affaire avec Madame Riding. Elle le fit entrer à la fin dans ses sentimens. Mais par un retour auquel elle ne s'étoit point attendu, il la pressa de quitter elle-même l'Angleterre avec nous. Il lui représenta que dans les dispositions où elle étoit à l'égard de Cromwell & de la Tyrannie, rien ne devoit l'attacher plus que nous à notre malheureuſe Patrie. Venés, lui dit-il attendre en France que le Ciel nous accorde un Gouvernement plus juſte & des jours plus heureux. Quelque qu'y puiſſe être notre fortune, nous la partagerons avec vous. Vous ſervirés de Mere à ma Fille. J'aurai toûjours pour vous l'amitié & la conſideration que méritent votre bonté & les ſervices ineſtimables que vous avés rendus à ma triſte famille. Je joignis mes prieres à ſes ſollicitations. Elle ſe rendit, après une déliberation de quelques jours. Nous ne fumes plus occupés que des préparatifs de notre départ. Elle envoya James dans les Ports les plus voiſins, pour y chercher la commodité du premier Vaiſſeau qui partiroit pour la France. Il en trouva un à Topsham, qui n'eſt qu'à deux milles d'Exceſter. Nous loüames ſa ſageſſe d'être allé directement dans ce petit Port, parce que nous avions moins à craindre d'y être exposés aux recherches des Emissaires de Cromwell. Mylord Axminster & Madame Riding y firent transporter en secret ce qu'ils avoient de plus précieux. Toutes choses se disposerent si heureusement, que nous fumes en état de nous mettre en chemin peu de jours après, & de gagner sans obstacle Topsham & le Vaisseau. Ainsi notre résolution fut presque aussi-tôt exécutée, que conçûë.

LE PHILOSOPHE ANGLOIS, *OU* HISTOIRE DE MONSIEUR CLEVELAND, FILS NATUREL DE CROMWELL.

LIVRE SECOND.

NOus n'abandonnâmes point ſans regret notre chere Caverne ; le ſéjour à la vérité, de notre triſteſſe ; mais en même tems l'aſyle de nos malheurs,

& la ſource de notre ſalut. Nous y laiſſames le Vicomte & moi, deux monumens précieux, dont nous devions conſerver le ſouvenir plus d'un jour. Il y avoit enſeveli le corps de ſon Epouſe, comme j'avois fait celui de ma Mere. Ce ne fut pas ſans avoir arroſé leurs tombeaux de nos larmes, que nous quittames ce lieu déſert, ni ſans recommander aux Génies tutelaires qui nous y avoient protegé ſi long-tems; de veiller à leur défenſe, & de les garantir de la profanation des méchans.

Je le répete: malgré la reconnoiſſance qui m'attachoit inſéparablement à la fortune du Vicomte, & malgré la paſſion même que j'avois pour ſa Fille & qui me faiſoit trouver tant de douceur à la ſuivre, je ne pus me défendre d'un vif ſentiment de triſteſſe, le jour que nous quittames Rumney-hole. J'aurois pu l'expliquer naturellement, comme un effet de l'impreſſion que faiſoit déja ſur moi la penſée du nouveau genre de vie que j'allois commencer : mais en examinant de plus près la diſpoſition de mon ame, je crus y découvrir quelque choſe de plus ſérieux qu'un ſimple jeu de l'imagination. Ce n'étoit point une triſteſſe ſuperficielle, que le même moment peut voir naître, & diſſiper. J'étois pénetré de douleur. Je regardois, en ſoûpirant, le lieu tranquile d'où j'étois prêt à m'éloigner ; ſemblable à un Matelot qui eſt obligé de quitter le Port dans un tems orageux, & qui jette un œil tendre vers le rivage avant que de ſe tourner vers l'eſpace immenſe des mers, où il eſt peut-être attendu par un triſte naufrage : ma vie avoit commencé trop malheureuſement, pour m'attendre dans la ſuite aux faveurs de la fortune. L'exemple de ma Mere, & celui du Vicomte qui ſubſiſtoit devant mes yeux, étoient deux préſages ſiniſtres qui m'annonçoient ma deſtinée.

Je voyois en général, & confusément, mille raisons de craindre, pour une seule d'esperer. Où vais-je? dans quelles vûës? avec quel espoir? Telles étoient les questions que je me fis cent fois à moi-même, le jour de notre départ; sans qu'il s'offrît rien à mon esprit pour y servir de réponse. Je comptois sur l'assistance certaine de Mylord Axminster; mais ses esperances étoient-elles beaucoup mieux établies que les miennes? Ce n'étoit point l'expérience, comme on l'a pu voir, qui me suggeroit ces difficultés: elles venoient de quelque solidité d'esprit que j'avois reçûë de la nature, & qui me faisoit raisonner sur les possibilités, dans les choses que je ne connoissois point par elles-mêmes, faute d'usage du monde & de commerce avec les autres hommes. Si c'est vous, dis-je au Ciel après ces réflexions, qui me faites pressentir ainsi les peines dont je suis menacé, joignés du moins le secours à vos avertissemens, & ne m'exposés point à des maux qui surpassent la médiocre portion de force que vous m'avés accordée. Je sçai que j'ai reçu de vous, de la droiture & de la raison; j'espere de vous en rendre un compte fidele. Si j'ai besoin de quelque chose au-delà, c'est de vous encore qu'il faut que je le tienne; & je vous le demande.

Je fis le chemin jusqu'à Topsham, uniquement occupé de ces pensées. On mit à la voile presque aussi-tôt. Nous étions sur un Vaisseau Nantois qui devoit s'arrêter à Brest, où nous avions dessein de débarquer. Nous voguames pendant une partie du jour avec un vent favorable. Il changea tout d'un coup vers le soir, & le tems devint si gros, que nos Matelots nous firent craindre une furieuse tempête. Telle devoit être la premiere faveur qui m'étoit préparée par la Fortune. Le Capitaine nous ayant paru un homme poli, nous n'avions pas fait difficulté de lui apprendre le nom & le rang de Mylord Axminſter. Il s'étoit ſervi de cette connoiſſance, pour faire mille civilités à ce Seigneur; de ſorte que commençant à appercevoir quelque danger, il vint le prier, lui & nous qui avions l'honneur de l'accompagner, de deſcendre dans l'endroit le plus ſûr du Vaiſſeau, où il nous plaça lui-même. Nous y demeurames environ deux heures. L'horrible mugiſſement des vagues, & l'ébranlement du Vaiſſeau, nous faiſoient juger de la grandeur du péril. L'amour, beaucoup plus que la peur, étoit la paſſion qui regnoit dans mon ame; car je n'avois point d'autre inquietude, que celle que je ſentois pour Fanny. Elle étoit à demi morte de frayeur. Madame Riding n'étoit pas moins allarmée qu'elle. Mylord tâchoit de les raſſurer par ſes diſcours; & moi je m'occupois à raiſonner interieurement ſur le péril, & à chercher par quel moyen je pourrois me rendre utile à l'objet de mes tendres affections. En considerant toutes les parties du Cabinet où nous étions, j'apperçus une longue corde, qui me fit souvenir aussi-tôt d'un exemple de naufrage que j'avois lû dans mes Livres, & de l'adresse avec laquelle un heureux Epoux s'étoit servi de cet instrument pour sauver sa vie & celle de son Epouse. Je m'en saisis sans affectation, & je la mis dans ma poche. Le Capitaine entra presque au même moment. Il dit au Vicomte, d'un air allarmé, que c'étoit fait de son Vaisseau; qu'il ne pouvoit résister dix minutes à la tempête; qu'il faloit, ou se préparer à la mort, ou songer à s'en défendre par quelque résolution hardie. Madame Riding & Fanny tomberent sans connoissance, à cette triste déclaration. Je n'ai qu'un mot à vous dire, ajouta le Capitaine : de deux Chaloupes que j'ai sur le Vaisseau, je vous en offre une pour vous & votre famille. Mon Lieutenant y entrera avec vous ; elle est déja en Mer : hâtez-vous, & ne perdez pas un moment. Le Vicomte ordonna à son Valet & à James de prendre Madame Riding, qui étoit une femme pesante, & de l'apporter à la Chaloupe. Il vouloit se charger lui-même de sa Fille : je m'en étois saisi. Au nom de Dieu, lui dis-je, laissez-moi périr en la sauvant. Il entreprit en-vain de l'ôter de mes bras. Je volai sur le pont. Jamais fardeau ne parut plus leger. L'extrême agitation du Vaisseau ne m'empêcha point de descendre heureusement dans la Chaloupe. Mylord y fut un moment après moi. Nous y étions onze, en comptant le Lieutenant, deux Rameurs, nos Valets, & deux Femmes qui servoient Fanny & Madame Riding. La violence de la Mer nous emporta en un moment loin du Vaisseau. Nous n'avions point d'autre lumiere, que celle d'une mauvaise lanterne. Le vent soufloit avec une fureur inexprimable,

&

& nous étions couverts à tout moment par les flots qui s'élançoient cent pieds au-dessus de nos têtes, & qui retomboient sur nous avec violence. Je ne voulus point me dessaisir de Fanny, quelques instances que m'en fit le Vicomte. Je la tenois serrée entre mes bras, comme une Mere tient le plus cher de ses Enfans. Il n'étoit plus question, ni de respect, ni de bienséance : l'amour seul étoit écouté. Elle n'avoit point recouvré la connoissance ; où si elle lui revenoit pour un moment, la frayeur d'un si horrible danger la lui faisoit perdre aussi tôt. Comme la tempête ne paroissoit pas diminuer, je résolus d'employer la corde que j'avois apportée, à l'usage auquel j'avois eu dessein de m'en servir. Ce fut le Ciel même qui m'inspira cette pensée, sans laquelle c'étoit fait absolument de moi & de l'aimable Fanny. Je la liai étroitement par le milieu du corps avec le bout de la corde ; je me liai de même ;

& j'attachai l'autre bout à la Chaloupe : de ſorte qu'entre le bout [illegible] la corde qui tenoït à la Chalou[illegible] la partie qui me lioit, il y avoit la longueur de cinq ou ſix pieds, & à peu près autant depuis moi juſqu'à Fanny. On voit quelle étoit en cela mon eſperance. A peine avois-je fini mes nœuds, & les avois-je ſerré avec beaucoup de ſoin, qu'une vague épouvantable éteignit notre lanterne, en donnant la plus violente ſecouſſe à la Chaloupe. La Femme de chambre de Madame Riding s'élança vers moi, dans un tranſport de frayeur. Le mouvement de la Chaloupe redoublant ſa précipitation, elle tomba dans la mer, & nous y entraîna la pauvre Fanny & moi. Notre chûte fut ſi prompte, & les ténebres d'ailleurs étoient ſi épaiſſes, qu'on ne s'apperçut point d'abord de nôtre malheur. Nous eumes tout le tems de boire l'onde amere. La Femme de chambre périt. Pour moi, je fus quelque tems ſans connoiſſance : mais l'agitation continuelle que je recevois de la Chaloupe à laquelle je tenois par ma corde, & les ſauts mêmes qu'elle me faiſoit faire hors de l'eau lorſqu'un coup de vent redoubloit ſa vîteſſe, ſervirent enfin à rappeller mes eſprits. J'ouvris les yeux, ſans rien appercevoir ; &, ce qu'on aura peine à croire, je ſentis que malgré la ſecouſſe de ma chûte, malgré le choc des vagues & la perte de mes ſens, j'avois toûjours conſervé dans mes bras ma chere Fanny. Je dis que je le ſentis ; parce que j'avois peine d'abord à le croire moi-même, & que je ne m'en convainquis qu'après diverſes épreuves. Je recueillis toutes les forces de mon corps & de mon eſprit, pour réſiſter aux vagues dont les coups redoubloient continuellement. Tantôt, je me trouvois à fleur d'eau, & comme ſuſpendu par la corde entre la Chaloupe & la Mer : j'avois alors quelque liberté de respirer, & je levois Fanny autant qu'il m'étoit possible, pour lui donner la même facilité. Un moment après, j'étois comme enseveli sous une montagne d'eau qui rouloit sur moi, & j'avalois malgré mes efforts une abondance d'eau salée. J'essayai de jetter quelques cris, pour m'attirer l'attention de la Chaloupe : mais le bruit des flots n'auroit pas permis d'entendre celui du tonnere. Il étoit impossible que ma vigueur ne m'abandonnât pas à la fin, ou que la corde fût assez forte pour nous soutenir, si la tempête eût duré quelques heures de plus avec la même violence. Le vent s'appaisa vers la pointe du jour, & la tranquilité revint peu à peu sur les flots.

On nous croyoit perdus sans ressource. Mylord Axminster pleuroit sa Fille, en Pere inconsolable; & loin de se réjouïr de la fin du danger, il prioit le Ciel de lui ouvrir comme à elle un tombeau dans le sein de la

Mer. A mesure que le jour s'éclaircissoit, il jettoit les yeux de côté & d'autre, avec une foible esperance de voir du moins flotter nos cadavres. Le triste état où j'étois ne m'empêcha point de le remarquer distinctement, tandis qu'il se tenoit debout dans la Chaloupe, & qu'il sembloit nous chercher en promenant au loin ses regards. Je m'efforçois de crier : ma voix étoit éteinte L'eau d'ailleurs étoit si épaisse & si mêlée de sable, que quand il eût pu s'imaginer que nous étions proche de lui & à portée de recevoir un prompt secours, il ne lui auroit pas été facile de nous appercevoir avant que les ténebres fussent entierement dissipées. Il me vint à l'esprit de lever plusieurs fois la main. Le Lieutenant fut le premier qui me découvrit ; & se baissant promptement, dans l'esperance de pouvoir atteindre jusqu'à moi avec la sienne, il fut surpris de voir une corde tendue, qui paroissoit aboutir à quelque chose. Il la tira aussi-tôt, & m'ayant amené sans peine jusqu'à lui, il n'en eut pas beaucoup non plus à me mettre moi & mon cher fardeau dans la Chaloupe. Cette action se fit si promptement, que Mylord Axminster, qui avoit le dos tourné, & qui consideroit la Mer d'un autre côté, n'eût point le tems de s'en appercevoir. Le Lieutenant s'écria, Mylord! le Ciel vous rend votre Fille. Sa surprise ne peut être représentée. Il ne savoit s'il en devoit croire ses yeux, ni de quelle maniere il faloit expliquer ce miracle. Cependant, comme il étoit incertain qu'elle fût en vie, il n'osa se livrer tout d'un coup à la joye. Il voulut d'abord la prendre entre ses bras. Quoiqu'étendu tout de mon long dans la Chaloupe, je la tenois encore entre les miens. Il eut assez de peine à l'en tirer; parce que tous mes esprits ayant coulé dans cette partie de mon corps qui avoit été employée à la retenir, les nerfs s'étoient tellement roidis, qu'ils furent pendant quelque tems comme inflexibles. Fanny n'avoit pas la moindre connoissance. Pour moi, j'en conservois encore un peu, à mon entrée dans la Chaloupe; mais je ne tardai point à la perdre. On nous rappella néanmoins à l'un & à l'autre, en moins de tems qu'il n'étoit naturel de l'esperer. J'ouvris les yeux, & ma premiere curiosité fut de savoir si Fanny étoit morte ou vivante.

Mylord étoit auprès de moi, lorsque je fis cette question; car son amitié lui fit partager également ses soins entre sa Fille & moi. Il me dit qu'elle avoit donné quelques signes de vie, & qu'il commençoit à bien esperer d'elle. En effet, elle revint peu à peu, après qu'on lui eut fait rendre l'eau qu'elle avoit avalée. La mer devint bientôt si paisible, qu'il ne nous restoit à craindre nul danger; le jour étant arrivé tout à fait, nous découvrimes les côtes de France, dont le Lieutenant ne s'étoit point imaginé que nous fussions si proches. Il fit ramer à toute force vers l'endroit de la Terre le plus voisin. La connoissance qu'il avoit de cette mer, lui fit appercevoir que nous n'étions pas éloignés d'un petit Port de Normandie, qu'on appelle Fecamp. Il fit prendre cette route à ses Matelots.

Nous fumes en un moment à la vûë des clochers de la Ville. Mais il se trouva malheureusement, que la marée commençoit à se retirer. La Riviere étant étroite, & le reflux par conséquent fort rapide, nous courions risque d'être exposés à demeurer encore quatre ou cinq heures en Mer; ce qui affligeoit extrêmement le Vicomte, moins par la crainte d'un nouveau péril, que par la peine qu'il ressentoit de se voir dépourvu de tous les secours qui étoient nécessaires au rétablissement de Fanny. Tandis

Tandis qu'il se plaignoit de la rigueur du Ciel, & qu'il excitoit nos deux Rameurs à redoubler leurs efforts pour surmonter la rapité de l'eau, nous découvrimes un petit Vaisseau qui sortoit de la Riviere, & qui sembloit se hâter de venir vers nous. Il s'avança si vîte, que nous eumes peu de mouvement à faire pour le joindre. En l'abordant, nous crumes reconnoître notre Capitaine. C'étoit lui-même en effet, quoiqu'il fût sur un Vaisseau different. Il avoit vû périr le sien par la tempête, & s'étant sauvé dans sa Chaloupe avec huit Matelots qui composoient son Equipage, il avoit été porté à Fecamp par le même vent que nous. Sa générosité & son attention pour Mylord Axminster l'avoient engagé aussi-tôt à monter sur le premier Vaisseau qu'il avoit trouvé prêt, & à venir voir si nous étions encore en état de recevoir du secours. Nous passâmes sur son bord.

Il nous remit ſur le rivage en un moment.

Nous répandîmes des larmes de joye, en touchant la Terre, que nous avions eu ſi peu d'eſperance de revoir. Fanny & Madame Riding n'étoient revenuës qu'à demi de leur frayeur & de leur foibleſſe. On fut obligé de les tranſporter ſur des chaiſes juſqu'à l'hôtellerie. J'eus aſſez de vigueur pour faire ce chemin à pied : mais m'étant mis au lit à mon arrivée, j'y demeurai quinze jours ſans être un ſeul moment en état d'en ſortir. Les deux Dames n'y demeurerent pas moins. Enfin, le Ciel ayant retabli nos forces, nous commençâmes à nous entretenir de la ſituation de nos affaires, & du train qu'alloit prendre notre fortune. Nous n'en avions pas été quittes pour la peur. Ce naufrage nous avoit été preſque auſſi funeſte qu'au Capitaine, qui y avoit perdu la moitié de ſon bien. De quantité de choſes précieuſes, le Vicomte & Madame Riding n'avoient pu ſauver que leur argent & quelques bijoux, dont ils avoient eu la précaution de prendre une partie ſur eux au commencement de la tempête, & de donner l'autre à leurs Valets. Nous étions ſans meubles, ſans habits & linge. Le Vicomte jugea à propos que nous nous rendiſſions d'abord à Rouen, pour s'y mettre en équipage, & pour y être informé certainement du lieu où étoit alors le Roi Charles. Nous primes le chemin de cette Ville. Nous y trouvâmes quantité d'Anglois qui avoient quitté leur Pays avec le Roi, & qui attendoient ſon rétabliſſement avec impatience. Ils nous donnerent tous les éclairciſſemens que nous demandions ſur l'état de ſa fortune, & par conſéquent ſur celle que nous avions à eſperer auprès de lui. Ce malheureux Prince n'étoit rien moins que dans l'abondance. On nous dit, que ſa ſuite étoit à peine celle d'un Gentilhomme du commun ; qu'il l'augmentoit lorsqu'il étoit à Paris, ou dans les Cours voisines ; mais que dans les voyages qu'il faisoit d'un lieu à l'autre pour demander du secours à divers Princes & les interesser dans sa cause, il n'étoit accompagné ordinairement que de deux ou trois Serviteurs ; qu'il étoit réduit à cette simplicité d'équipage, par un besoin presque continuel d'argent ; que si nous en avions à lui offrir, ou du moins si nous pouvions le suivre à nos frais, il nous verroit peut être arriver auprès de lui avec joye ; mais que si nous le cherchions dans le dessein de tirer notre subsistance de ses liberalités, on nous conseilloit de renoncer à un voyage aussi long qu'inutile ; qu'on le croyoit parti depuis quelque tems pour se rendre sur les frontieres de France & d'Espagne, où se devoient tenir des Conferences pour la Paix entre le Cardinal

Mazarin & Don Louis de Haro; que la route étoit pour le moins de deux cens lieues; & que c'étoit à nous d'examiner ſi nous étions en état d'entreprendre un chemin ſi long, avec ſi peu d'eſperance.

Mylord Axminſter ne s'étoit fait connoitre à ceux qui lui donnoient cet avis, que ſous la qualité d'un Anglois expatrié pour la Cauſe du Roi. Il les remercia, ſans s'expliquer davantage. Mais loin d'en être plus refroidi dans ſon deſſein, il jugea au contraire, que s'il y eût eu pour un homme tel que lui des momens favorables à chercher pour ſe faire un chemin à l'amitié de ſon Maître, il ne pouvoit ſouhaiter de plus heureuſes circonſtances que celles qu'on lui repréſentoit. Malgré les pertes qu'il avoit eſſuyées dans notre naufrage, il lui reſtoit de groſſes ſomme en argent comptant, & il attendoit dans la ſuite des remiſes encore plus conſiderables par le moyen de Mylord

Terwill. Il lui avoit écrit avant notre départ, pour le prier de se charger du soin de ses affaires, comme il avoit fait jusqu'alors. A quoi ses richesses pouvoient-elles être employées plus glorieusement, qu'au secours de son Roi? Je m'apperçus même, que cette pensée lui donnoit un air de satisfaction que je ne lui avois jamais vû. Il pressa les ordres qu'il avoit déja donnés pour notre habillement & nos voitures. Son projet étoit de traverser toute la France, plutôt que de reprendre la route de la Mer: elle eût été plus courte; mais Fanny & Madame Riding avoient de la repugnance à s'exposer si-tôt à des périls dont elles ne faisoient que de sortir.

Je ne fus pas oisif à Rouen, pendant que le Vicomte faisoit travailler à son équipage. C'étoit quelque chose de si nouveau pour moi, de marcher dans une grande Ville & de me mêler parmi les hommes, que je laissois passer peu de jours sans me procurer ce divertissement. Il ne servit pas moins à mon instruction, qu'à satisfaire ma curiosité. Je parlois assez facilement la Langue Françoise ; je l'avois apprise dès mon enfance. Le premier usage que j'en fis hors de la présence du Vicomte, fut chez quelques Marchands ; où je me fis conduire pour acheter diverses bagatelles dont j'avois besoin. Je savois en général, qu'il y avoit dans les Villes un grand nombre de ces personnes officieuses, qui font des amas considerables de tout ce qui peut servir à l'utilité des autres hommes, & qui sont toûjours prêtes à les distribuer pour quelque somme d'argent, dont il est juste qu'on paye leurs peines & la valeur de leurs marchandises. J'admirai, en entrant dans une boutique de Bijoutier, l'ordre & la varieté des bijoux de toute espece qui y étoient étalez, Comme je rapportois tout à mes principes de générosité & de justice, je ne pus me défendre d'un mouvement de reſpect pour le Maître de la maiſon, en conſiderant de quel zéle il devoit être rempli pour le bien de la ſocieté humaine, lui qui s'employoit avec tant de ſoin à ſatisfaire aux beſoins de tous ceux qui avoient recours à lui. Par quelle reconnoiſſance, diſois-je, peut-on aſſez payer de tels ſervices ? Mon admiration augmenta encore, lorſque je remarquai ſon empreſſement à m'offrir tout ce qui étoit contenu dans ſa boutique, & la civilité obligeante avec laquelle il me preſentoit tout ce qui pouvoit être de mon uſage. Il ſembloit qu'il devinât mes beſoins & mes inclinations. Des étuis, des couteaux, des boëtes de toutes les ſortes ; mille jolis colifichets, dont la vûë ſeule étoit pour moi un ſpectacle des plus agréables. Je les recevois de ſes mains à meſure qu'il me les offroit. Je lui en demandois l'uſage, qu'il m'expliquoit auſſi tôt avec une grande facilité d'expreſſion ; & je les mettois auprès de moi, pour en recevoir d'autres qu'il me préſentoit de la même maniere. Enfin, comme je ne me laſſois point de voir & d'entendre, il me demanda ſi je voulois prendre de lui toutes les marchandiſes que j'avois auprès de moi. Je jettai les yeux deſſus. Il y en avoit une quantité conſiderable. Je balançai ſi j'accepterois tant de choſes, dont la plûpart étoient plus jolies, qu'utiles. Cependant je fis reflexion, qu'il y auroit de la groſſiereté à refuſer ce qui m'étoit offert de ſi bonne grace. Sa généroſité étoit ſi viſible dans ſes yeux & ſur ſes levres, que je craignois même qu'il n'en vînt juſqu'à me faire prendre ſes bijoux gratis, & uniquement par bonté d'ame. Je me hâtai de lui dire, que j'acceptois tout ; mais qu'il étoit juſte auſſi qu'il reçût de moi quelque retour d'eſtime & de reconnoiſſance. En conſcience, me répondit-il, & au dernier mot, c'eſt dix piſtoles. Je craindrois la punition du Ciel, ſi je trompois un jeune Gentilhomme, & ſurtout un étranger. J'admirai de nouveau ſa droiture, & lui ayant compté les dix piſtoles, je le quittai avec mille témoignages d'une ſincere eſtime. James, qui m'accompagnoit, ſe chargea des bijoux. Je ne ſçai ſi ce fut par reſpect, ou par un autre motif, qu'il me diſſimula ſes ſentimens: mais lui ayant dit en retournant au logis, qu'il y avoit plus de probité qu'on ne penſoit parmi les hommes, & que je venois d'en avoir un exemple; il ſe contenta de me répondre, qu'il s'en trouvoit quelquefois, même parmi les Marchands.

Mylord Axminſter & Madame Riding étoient au logis, lorſque j'y arrivai. Je me hâtai de leur faire voir le fardeau que James apportoit, & de leur apprendre ce que je penſois de l'honnête Marchand auquel ma bonne fortune m'avoit adressé. Je leur fis si naturellement l'éloge de sa bonté, qu'ils ne purent s'empêcher de se regarder en riant ; aussi surpris de mon discours, qu'ils l'étoient déja de cette multitude de bagatelles que je leur montrois. Le Vicomte me demanda ce qu'elles m'avoient coûté : Dix pistoles répondis-je. Il eut peine à me croire. Je l'assurai qu'elles pouvoient valoir peut être davantage ; mais qu'il étoit certain qu'elles ne valoient pas moins, puisque le Marchand avoit attesté sa foi & sa conscience. Cependant, il étoit si manifeste qu'elles ne valoient pas le tiers de cette somme, que Mylord, qui devoit connoître le fond de ma bourse, puisque c'étoit lui-même qui l'avoit remplie, me pria de lui laisser compter ce qui me restoit d'argent. Peut-être avez-vous oublié, me dit-il, la valeur des monnoyes, quoique je vous l'aye apprise avant votre départ. Vous croyez avoir payé plus que vous n'avez fait. Il examina ce qui me restoit, & il ne trouva mon rapport infidele qu'en un point; c'est qu'au lieu de dix pistoles que je croyois avoir données, le Marchand en avoit reçû de moi quinze. Il en prit occasion, non de me reprocher cet achat de bagatelles, qu'il étoit bien persuadé que je n'estimois pas plus que lui; mais de m'instruire de mille choses qui ne s'apprennent point par l'étude des Livres. J'avois quelque peine à reconnoître que j'eusse été trompé si grossierement. N'en rougissez pas, me dit-il: votre ignorance à un égard est moins honteuse pour vous, que pour ceux qui peuvent vous tromper; parce que vous ne vous défiez pas d'eux, & que vous n'avez pas encore eu l'occasion de les connoitre. C'est le malheur & la honte des hommes, ajoûta-t-il avec beaucoup de sagesse, qu'on ait besoin d'une autre étude que celle de la vertu, &

d'autres principes que ceux de l'innocence, pour ſçavoir vivre & ſe conduire avec eux. Ce n'eſt pas aſſez pour un honnête homme, de plaindre ou de mépriſer ceux qui ne lui reſſemblent pas; il faut qu'il ſçache ſe défendre de leurs artifices. Comme il y a une ſcience qui enſeigne à faire du bien aux autres, il y en a une qui apprend à éviter le mal qu'ils peuvent nous faire. Celle-ci vous manque; mais un peu d'uſage vous en aura bien-tôt inſtruit. Je lui répondis, que mon regret n'étoit pas préciſément d'avoir été trompé; mais de l'avoir été par les apparences de la bonté & de la Vertu. Vous le ſerez plus d'une fois, reprit-il, ſi vous en jugez toûjours à la premier vûe. Cette ſcience dont je vous parle, & qui vous eſt néceſſaire, conſiſte juſtement à diſtinguer les dehors qui ſont ſouvent trompeurs, ou à ſe tenir du moins dans une défiance raiſonnable à l'égard de ceux dont on n'a pas eu le tems de démêler les intentions. Avec quelque adreſſe & quelque ſoin que le vice ſe déguiſe, il ne ſoutient pas long-tems l'examen d'un œil droit & attentif. Il y a très-peu de marques qui lui ſoient communes avec la vertu, & la difference ne coûte gueres à appercevoir. Le Vicomte ajoûta, que les regles qu'il me donnoit étoient générales, & regardoient tous les hommes : mais qu'à l'égard des Marchands en particulier, il y en avoit d'autres qui étoient plus faciles à ſuivre ; que la fraude & la ſupercherie étoient comme paſſées en uſage dans cette profeſſion, ce qui les rendoit moins dangereuſes ; que trompeur, & Marchand, étant deux mots ſynonimes dont le ſens étoit entendu de tout le monde, on n'entroit point dans une boutique ſans être armé de précaution ; qu'il n'arrivoit d'être tompé, qu'à ceux qui veulent bien l'être, parce qu'il n'y a perſonne qui ne ſoit instruit du péril. Cette leçon me fut extrêmement utile, parce qu'il me fut aisé de l'appliquer à mille occasions qui renaissoient tous les jours. Si j'étois assez simple pour être facile à tromper, j'avois reçu du Ciel assez de bon sens pour ne l'être qu'une fois : c'est-à-dire, que réfléchissant sur tout ce qui m'arrivoit, j'en tirois des lumieres dont je me servois utilement dans les mêmes circonstances.

Pour ce qui regardoit les cinq pistoles que j'avois données au-delà du prix dont j'étois convenu, comme ce n'étoit qu'une erreur de compte, Mylord Axminster s'imagina que le Marchand ne feroit pas difficulté de me les restituer. Il me conseilla de retourner chez lui sur le champ. J'y allai ; mais la seule satisfaction que je pus tirer, fut de recevoir de nouvelles civilités. Il m'assura qu'il n'avoit rien reçu de trop, & que nous étions tous deux trop justes dans nos calculs, pour avoir commis une erreur si considérable.

Quoique je reconnusse tous les jours qu'il m'étoit utile de fréquenter le monde, & même d'être quelquefois trompé, je sentois néanmoins une espece de honte, lorsqu'il m'arrivoit de l'être de nouveau dans quelque occasion que je n'avois pas prévue. Le Vicomte, qui me regardoit comme son Fils, & qui auroit été bien aise de me voir défait de quantité de choses qui étoient encore à réformer dans mes idées & dans mes manieres, me pressoit de sortir souvent, & de visiter ce qu'il y avoit de remarquable dans la Ville. Il m'exhortoit à m'insinuer dans les compagnies, & il se faisoit un plaisir d'entendre les observations que je ne manquois pas de faire sur tout ce qui s'étoit présenté à mes yeux. Il demeura même à Rouen, dans cette vue, plus longtems qu'il ne s'étoit proposé. Comme il ignoroit la Langue

gue du Païs, il ne pouvoit le connoître, me disoit-il, que sur mes relations ; & me priant de lui rapporter jusqu'aux moindres bagatelles que j'avois observées, il feignoit de recevoir de moi comme une faveur, ce qu'il ne m'engageoit à faire que pour ma propre utilité. Quoiqu'il n'eût pas le moindre soupçon de la tendresse que j'avois pour son aimable Fille, il s'étoit apperçu que mon respect pour elle me rendoit extrèmement soumis à toutes ses volontés : il se servit encore de ce moyen pour hâter le changement qu'il desiroit dans ma personne. Il lui ordonna de me railler agréablement, lorsqu'il m'échaperoit quelque simplicité en sa présence ; & elle s'en acquitta d'une maniere qui réussit au-delà de ses esperances. Je ne conçus pas d'abord aisément, quel étoit le dessein de Fanny ; &, surpris de lui voir prendre avec moi un ton auquel elle n'étoit pas accoutumée, je cherchai pendant quelques jours la cauſe de cette nouvelle conduite. Je crus l'avoir pénetrée. Je me flatai même, qu'à l'envie de ſuivre les ordres de ſon Pere, que je regardois comme ſa premiere vue, elle joignoit une ſecrete reconnoiſſance pour mes ſoins, qui lui faiſoit ſouhaiter de me voir bientôt tel que je pouvois devenir. Ce fut un éguillon, qui me donna plus de zèle que jamais à chercher les occaſions de m'inſtruire. Je me fis introduire dans les meilleures maiſons de la Ville, par quelques Anglois qui y avoient des habitudes. J'y trouvai non ſeulement des modeles, qui pouvoient ſervir à me perfectionner dans les choſes dont j'avois déja quelque connoiſſance; mais encore une infinité d'objets qui me parurent nouveaux, & qui ſervirent autant, du moins, à mon divertiſſement qu'à mon inſtruction.

Les François ſont polis; il faut leur accorder cette gloire; ils le ſont ſur-tout à l'égard des Etrangers: mais je ne ſai de quelle maniere on pourroit définir proprement leur politeſſe. Elle ne conſiſte pas ſeulement dans leurs manieres extérieures, qui ſont gracieuſes & prévenantes; ils affectent de la répandre juſque dans leurs ſentimens, ou du moins, dans une certaine façon de les exprimer qui n'eſt propre qu'à eux. Si toutes les proteſtations d'amitié, & les aſſurances d'eſtime, de zèle, & d'attachement qu'on reçoit en France, étoient ſinceres; il faudroit regarder cette Nation comme une Societé d'hommes choiſis, qui poſſedent au plus haut degré toutes les belles qualités de l'ame, & qui n'ont pas un ſeul des défauts communs aux autres hommes. A peine fus-je entré dans une des principales maiſons où mon Compatriote m'introduiſit, que, fur cette ſeule recommandation d'être Anglois & Fils-naturel de Cromwell, on s'empreſſa de me combler de civilités. On me demanda depuis quel tems j'étois arrivé à Rouen ; & l'on n'eut pas plutôt appris que j'y étois depuis quinze jours, qu'on me fit mille reproches de m'être tenu caché si longtems. Je devois m'être fait annoncer dans toutes les maisons de la Ville, en arrivant ; on auroit prévenu ma visite, en me la rendant chez moi. Quelle perte, d'avoir connu si tard une personne de mon mérite ! On me fit des offres de services, qui m'auroient mis pour toujours à couvert de tous les besoins, si l'on eût été fidele à les exécuter. On admira ma bonne mine ; & comme je ne répondois rien dans la premiere surprise que me causoit ce déluge de complimens, trois ou quatre Dames, qui paroissoient tenir le premier rang dans la compagnie, formerent une longue conversation sur mes belles qualités, qu'elles n'avoient point eu assurément le tems de reconnoître. Confus de cette effusion de faveurs que recevois sans les mériter, j'exprimai enfin en assez peu de mots le vif sentiment que j'en avois. On admira aussi-tôt mon esprit, quoique j'eusse dit les choses les plus communes ; & les quatre Dames recommencerent mon éloge, avec un redoublement d'expressions flateuses.

J'avoue que, les entendant continuer d'un air sérieux, & faisant réflexion que c'étoient des personnes d'un rang distingué qui n'avoient nul interêt à me tromper, je me livrai interieurement au plaisir d'être loué par de si belles bouches. Je me persuadai même, que j'avois reçu de la Nature des qualités que je n'avois pas reconnues jusqu'alors ; & je fus ainsi pendant quelques momens la dupe de mon amour-propre. Mais il arriva, heureusement, qu'une autre Dame de la Ville, qui venoit rendre aussi sa visite à la Maitresse du logis, fut introduite dans la salle où nous étions. On se leva pour la recevoir. Pendant le mouvement que cela produisit, j'entendis distinctement une des quatre Dames qui disoit secretement à sa voisine : Convenez, que voilà un jeune Anglois bien sot. Je fus frappé, jusqu'à rougir de honte. Elle ne s'en apperçut point ; & ce qu'il y a de plus étrange, c'est qu'adressant aussi-tôt la parole à celle qui arrivoit, elle se remit sur mes louanges avec la même rapidité d'expressions. Je trouvai quelque chose de si offensant dans ce double personnage, que je vis le moment où j'allois m'en plaindre en rompant toute mesure ; mais un instant de réflexion me remit. Je me reprochai seulement ma crédule simplicité ; & je reconnus mieux que jamais, qu'il y a peu d'occasions où l'on puisse prendre confiance aux discours & aux actions des hommes, puisqu'ils sont si naturellement perfides, qu'ils trompent sans interêt même, & sans motif.

Je fus vangé néanmoins, avant la fin de ma viſite. J'étois demeuré muet auſſi longtems que la converſation avoit roulé ſur mon mérite, & enſuite ſur les Modes ou les Hiſtoires du tems. Une réflexion ſérieuſe, qu'un honnête-homme de la compagnie fit peut-être à deſſein, donna ouverture à un entretien plus ſenſé. Je fis peu à peu violence à ma timidité, & je m'expliquai d'abord aſſez heureuſement pour m'attirer de l'attion. Je m'animai ſi bien en continuant de parler, que je pris enfin le deſſus par mille excellentes choſes, que le ſouvenir de mes études ou de mes réflexions me fourniſſoit. Je m'appercevois que j'étois écouté avec plaiſir ; & jettant les yeux de tems en tems ſur celle qui m'avoit moins loué que raillé, j'avois la ſatisfaction de voir qu'elle me regardoit avec une apparence de ſurpriſe & d'admiration. Je reçus, en quittant la compagnie, des marques d'eſtime, qui avoient plus de ſincerité que les premieres ; mais j'y fus peu ſenſible. Ma droiture ne me permettoit point de goûter des louanges que je méritois peut-être, mais qu'on m'avoit accordées avec auſſi peu de reſerve lorſqu'on étoit perſuadé que je ne les méritois pas.

Mon avanture parut réjouïſſante à Mylord Axminſter. Elle fut infiniment utile pour moi. L'effort que j'avois fait dans cette compagnie pour ouvrir la bouche avec liberté, commença à me donner une hardieſſe que je n'avois jamais ſentie juſqu'alors. Je fus charmé de ce changement. J'avois été affligé depuis mon arrivée en France, c'eſt-à-dire depuis que je commençois à converſer avec les hommes, de me trouver en leur préſence un certain embarras, dont je ne pouvois me remettre, même après une longue converſation. Ma timidité paroiſſoit ſur mon viſage, & dans tous mes mouvemens.

Ce

Ce n'est pas que j'eusse dans le cœur un sentiment de crainte ; au contraire, j'étois ferme & résolu, je conservois toute la liberté de mon esprit & de mon jugement. Mais c'étoit-là précisément ce qui causoit ma peine, de penser juste & solidement dans toutes les occasions, & de ne pouvoir accompagner l'expression de mes pensées, de cet air libre & assuré qui donne du poids à la sagesse & à la raison. S'il m'arrivoit d'entretenir un sot ou un ignorant, je découvrois tout d'un coup son foible, & la superiorité que j'avois sur lui : cependant, j'étois contraint & presque muet en sa présence. A peine pouvois-je soutenir ses regards. Ses moindres mouvemens me déconcertoient, & je paroissois comme tremblant devant lui ; pendant que je lui faisois justice interieurement, & que je le rangeois dans la classe méprisable où il méritoit d'être. Graces aux railleries que j'essuyai à Rouen, je me défis presque tout d'un coup de cette foiblesse. Ce n'est pas sans raison que je fais ici cette remarque, & que j'ai rapporté quelques legeres circonstances de mon Histoire, qui y ont donné occasion. Un lecteur éclairé demanderoit sans doute, où j'ai pu prendre toute la fermeté qu'on verra dans la suite de ma vie, si je n'avertissois par quels degrés je perdis les foiblesses & les timidités de mon enfance.

Fanny contribua beaucoup à me guérir de ces imperfections pueriles: c'eût été assez qu'elle m'eût paru les appercevoir & les condamner, pour m'exciter à les combattre, & pour me faire réussir à les vaincre. Elle y employa tant d'adresse, & son inclination s'accorda si bien là-dessus avec les ordres de son Pere, que c'est à elle que je dois attribuer la promptitude de mes progrès. Mon ardeur s'accrut extrêmement par une heureuse rencontre qui donna naissance, à quoi dirai-je ? disons, à la felicité de ma vie ; car tous les tourmens & toutes les agitations dont elle fut en même tems l'origine, ne sçauroient entrer en comparaison avec les torrens de joye & de bonheur dont elle m'ouvrit la source.

Mon amour pour Fanny s'étoit conservé jusqu'alors dans les bornes que je m'étois prescrites à Rumney-hole. Je ne passois pas un moment, sans sentir que je l'aimois. Son idée m'accompagnoit continuellement. Je lui rendois mes soins, avec toute l'ardeur d'une parfaite passion. Mais rien n'avoit encore trahi le secret de mon cœur. J'ignorois ce qu'elle avoit pensé du changement de mes manieres dans la Caverne de Rumney-hole. Elle s'étoit contentée de mettre aussi plus de reserve dans les siennes, sans qu'il m'eût paru d'ailleurs que sa bonté pour moi fût diminuée. Elle savoit l'obligation qu'elle m'avoit eue sur la Mer, & elle reconnoissoit avec joye, qu'elle étoit redevable de la vie à mes soins. Son Pere lui rappelloit souvent ce souvenir. Il lui répétoit qu'elle devoit m'aimer comme un second Pere, puisque ce sont deux faveurs à peu près égales, de donner la vie à quelqu'un, & de lui faire éviter la mort. Ah! disois-je interieurement lorsqu'il lui tenoit ce discours en ma présence, puisse-t-elle me regarder plûtôt comme son tendre Amant! Je ne veux point d'une qualité, qui me laisseroit son cœur à partager avec quelqu'un. Je n'osois pourtant former d'esperances, & j'étois encore plus éloigné de lui faire connoître mes desirs. Je n'avois, il est vrai, ni les rigueurs de l'absence à souffrir, (j'étois sans cesse avec elle;) ni à craindre ses froideurs, & ses dédains, car j'étois assuré du moins de son amitié, si je n'osois prétendre à son amour. Ainsi, j'étois aussi tranquille qu'on peut l'être avec un cœur qui ne sent rien dont il puiſſe ſe plaindre, mais qui n'a point ce qu'il deſire.

Tel étoit le fond de mes ſentimens, lorſqu'il m'arriva d'être le jouet des quatre Dames Françoiſes. Quelque mécontentement que j'en euſſe reſſenti d'abord, il ne m'empêcha point de retourner le lendemain à la même Aſſemblée. La compagnie étoit compoſée des mêmes perſonnes, & je n'y fus pas reçu moins civilement que la premiere fois. Le ſuccès que ma hardieſſe avoit eu la veille, m'en inſpira ce jour-là une nouvelle : j'eus aſſez de part à tout ce qui ſe dit d'agréable dans la converſation, pour m'aſſurer d'avoir fait prendre aux Dames une idée favorable de mon eſprit. J'en reçus, avant la fin du jour, des marques qui n'étoient pas trompeuſes. Le caractere des Dames Françoiſes, autant que j'ai pu le remarquer dans le peu de ſéjour que j'ai fait en France, eſt un compoſé de tous les extrêmes. Elles ne ſont indifferentes à l'égard de rien. Il faut qu'elles mépriſent ou qu'elles eſtiment, qu'elles raillent ou qu'elles aprouvent, qu'elles aiment ou qu'elles haïſſent. Elle ſont impitoyables pour le ridicule, & les plus clairvoyantes du monde à le découvrir dans les perſonnes pour leſquelles leur cœur n'eſt pas prévenu. Elles ont beſoin de toute la politeſſe qui eſt comme naturelle à leur Nation, pour vaincre la démangeaiſon qu'elles ont de rire, de railler, & de ſe répandre en bons-mots, qui n'en ſont que plus piquans lorſqu'ils ſortent ainſi d'une bouche pleine de charmes. Tout au contraire, leur cœur ſe déclare-t-il pour quelqu'un? elles portent l'indulgence & la bonté juſqu'à l'aveuglement. Tout ſe change en perfections & en vertus, dans ce qu'elles aiment. Elles ſont tendres & paſſionnées, elles louent, elles approuvent, elles admirent; enfin, leur eſprit reçoit toûjours la loi de leur cœur, & leur cœur n'est jamais moderé dans ses sentimens. Une des quatre Dames qui m'avoient raillé la veille, celle même qui m'avoit traité de sot, entra pour moi tout d'un coup dans cette disposition. J'aurois pu m'en appercevoir avant que de quitter l'Assemblée, si j'eusse été capable alors de faire ces sortes d'observations; mais prenant ses regards continuels, & les assurances même d'estime qu'elle trouva le moyen de me donner en secret, pour des civilités ordinaires, je retournai au logis sans lui laisser lieu de croire que j'eusse compris ce qu'il y avoit d'obligeant pour moi dans ses manieres. Il se passa quelque tems, pendant lequel je ne manquai point de me trouver assidûment à l'Assemblée. Les honnêtetés de cette Dame, ses regards, & ses éloges ne firent que redoubler chaque jour. Le seul effet qu'ils produisirent sur moi, fut de me faire oublier entierement le premier sujet que j'avois eu de me plaindre d'elle. Enfin, étant un jour à m'entretenir avec Mylord, on m'avertit qu'un Laquais demandoit à me parler. Il m'apportoit une Lettre. Je la reçus ; & comme il se retira aussi-tôt sans marquer qu'il attendît une réponse, je retournai auprès de Mylord, & j'ouvris la Lettre en sa présence. Il avoit autant d'empressement que moi, de connoître le mystere de ce message. C'étoit un Billet de cinq ou six lignes seulement, par lequel on me prioit de me trouver le soir du même jour dans un lieu qu'on m'assignoit, pour y recevoir les témoignages de l'estime d'une personne que je ne trouverois peut-être pas indigne de la mienne. J'expliquai le sens de ces paroles à Mylord. Il me félicita sur ma bonne fortune, &, ravi de cette avanture qu'il jugeoit propre à me former de plus en plus, il me conseilla de me rendre fidelement à l'assignation. Je lui répondis, que mon dessein n'étoit pas d'y manquer. Fanny étoit présente à notre entretien : elle ne parut point y prendre part. Mais le Vicomte étant sorti peu après, & me trouvant seul avec elle, je remarquai qu'elle gardoit un silence qui ne lui étoit pas ordinaire avec moi. Je fus le premier à le rompre, pour lui parler, en riant, du bonheur que j'avois de plaire à une Dame Françoise. Elle me dit d'un air qui me parut timide : Vous êtes donc résolu d'aimer cette Dame, & d'aller au lieu qu'elle vous marque ? Je fus ému du ton dont elle avoit parlé. Je la regardai : nos yeux se rencontrerent ; &, par un mouvement qui se conçoit mieux qu'il ne s'exprime, nous demeurames ainsi quelque tems à nous considerer avec une tendre langueur. Elle baissa enfin la vue en rougissant, comme si elle eût eu quelque honte de ce qui venoit de lui arriver. Pour moi, qui me sentis pénetré jusqu'au fond du cœur, je me levai ſans parler, & prenant la Lettre qui étoit ouverte ſur la table, je la déchirai en mille pieces. Notre ſilence continua juſqu'au retour de Mylord, qui n'étoit ſorti que pour un moment. Il fut ſurpris de voir la Lettre en pieces ſur le plancher. Eſt-ce là, me dit-il, le cas que vous faites des faveurs de l'Amour ? Je lui répondis, que j'avois changé de ſentiment par rapport au rendez-vous ; ou plûtôt, que n'ayant nul goût pour une intrigue amoureuſe, je n'avois pas penſé ſérieuſement à répondre aux avances de cette Dame inconnue. Il inſiſta ſur ſon premier conſeil, & il m'apporta toutes les raiſons qui pouvoient m'engager à le ſuivre, indépendamment de l'amour. Je lui déclarai que ſes inſtances étoient inutiles, & je laiſſai paſſer effectivement la journée ſans ſortir du logis.

J'étois trop attentif à tous les mouvemens de Fanny, pour ne pas reconnoître qu'elle étoit ſatisfaite de ma conduite, & qu'elle étoit entré dans le ſens de ce ſacrifice. Cependant, je n'en devins ni plus hardi, ni moins reſpectueux auprès d'elle. C'étoit aſſez pour moi, que j'euſſe pu prendre dans ſes yeux un rayon d'eſperance, & que j'euſſe lieu de croire qu'elle connoiſſoit une partie de mes ſentimens. Elle s'apperçoit de mes ſoins, diſois-je en moi-même lorſque je lui en rendois de paſſionnés; elle les explique; peut-être a-t-elle la bonté de les approuver. Qui ſait à quoi l'Amour me deſtine? Ces tendres regards qu'elle laiſſa échaper l'autre jour, n'étoient-ils pas bien au-deſſus de mes prétentions? Il ne m'arrivera jamais de lui rien demander; mon devoir m'ordonne un éternel ſilence: mais ſi le Ciel lui inſpire quelque bonté pour moi, pourquoi ne tâcherois-je pas de m'en rendre digne? Mylord pourroit-il condamner lui-même des ſentimens auſſi purs & auſſi réglés que les miens?

C'eſt une paſſion bien parfaite, que celle qui ne craindroit point l'examen d'un Pere; & qui demeure néanmoins ſi reſpectueuſe & ſi timide, qu'elle n'oſe même ſe découvrir à celle qui l'a fait naitre. Je réſolus de nouveau de conſerver toûjours cette innocence dans mes deſirs.

Le jour ſuivant ne ſe paſſa point, ſans que je fuſſe éclairci ſur le Billet que j'avois reçu, & ſur le caractere de la perſonne qui me l'avoit envoyé. M'étant trouvé à l'Aſſemblée à l'heure ordinaire, je m'apperçus qu'il y manquoit une des Dames que j'y avois toûjours vues. On vint m'avertir un moment après mon arrivée, qu'une perſonne de ma connoiſſance ſouhaitoit de me parler à la porte. Je deſcendis auſſi-tôt, & j'y trouvai en effet le même Gentilhomme Anglois qui m'avoit introduit dans cette maiſon. Il me pria de le ſuivre dans un lieu à l'écart, où il vouloit m'entretenir. J'attendis qu'il s'expliquât. Je ſuis chargé, me dit-il, d'une étrange commiſſion. Vous ſouvenez-vous d'une Dame que vous avez vûë quelquefois à l'Aſſemblée, cette grande femme, brune & bien-faite, qui vous regarde avec tant d'attention que vous avez pû vous appercevoir, qu'elle vous veut du bien? Elle eſt des mes amies. C'eſt de ſa part que je ſuis ici, pour me plaindre en ſon nom, d'une injure qu'elle prétend avoir reçuë de vous. En un mot, ajouta-t-il en s'interrompant, je ſuis perſuadé qu'elle vous aime paſſionnément, & qu'elle veut me faire ſervir à la mettre en liaiſon avec vous: car, ſous prétexte de cette injure prétenduë qu'elle ne m'a point expliquée, elle exige de moi que je vous conduiſe chez elle, & que je vous engage à lui faire quelque ſatisfaction.

Je n'eus point de peine à juger de quelle injure elle ſe plaignoit. Cependant, je cachai à mon Ami, par discretion, que j'eusse reçu une Lettre qui m'étoit sans doute venuë d'elle ; & n'ayant point dessein de lier avec elle le moindre commerce, je le priai de se charger lui-même de mes excuses, s'il étoit vrai que j'eusse eu, sans le vouloir, le malheur d'offenser une Dame pour laquelle j'avois beaucoup de respect & de consideration. Il ne se paya point de cette défaite. J'ai promis, reprit-il, de vous amener. Il faut dégager ma parole, & ne pas faire passer les Anglois pour des gens grossiers & farouches. Je me laissai entrainer par ses instances. Il m'apprit en allant, que cette Dame étoit Veuve d'un Conseiller au Parlement, & qu'elle jouïssoit d'un revenu considerable. Comme il n'ignoroit point ma naissance & l'état de ma fortune, que je n'avois pas les mêmes raisons de cacher que Mylord Axminster, il crut me donner un conseil d'Ami, en m'exhortant à profiter de la tendresse qu'elle avoit pour moi. Nous entrâmes dans une maiſon propre & bien meublée. Mon Ami, qui y alloit tous les jours familierement, crut pouvoir m'introduire ſans s'être fait annoncer. Un bruit confus, que nous entendimes de l'antichambre, nous fit arrêter un moment, pour prêter l'oreille. C'étoit la voix de deux perſonnes qui ſembloient parler avec chaleur, & qui répétoient pluſieurs fois le nom de mon Ami. La curioſité le porta à s'avancer davantage, pour recueillir quelque choſe d'une converſation qui ſembloit l'intereſſer. Après avoir écouté un demi quart d'heure à la porte, il revint à moi en béniſſantle Ciel qui l'avoit conduit ſi à propos pour y apprendre un deſſein déteſtable qui ſe tramoit contre lui. Sortons promptement, me dit-il; je ne remets plus le pied dans cette maiſon, & je ſuis fâché de vous avoir propoſé d'y venir.

Il m'apprit en ſortant ſon véritable nom, que je ne connoiſſois point. Il s'appelloit Mylord *Omerſon*. Il étoit à Rouen depuis trois mois, après avoir été obligé de quitter l'Angleterre pour éviter le reſſentiment de mon Pere, qu'il avoit mortellement offenſé. Perſonne n'y connoiſſoit ſon nom ni ſa qualité, excepté cette Dame, dont il avoit vu le Frere à Londres. Ce Frere ſe nommoit Mr. *Lallin.* Mylord Omerſon avoit pris de lui des Lettres de recommandation auprès de ſa Sœur, & s'étant ſauvé à Rouen, il avoit lié une connoiſſance ſi intime avec elle, qu'il n'avoit pas fait difficulté de lui confier le ſecret de ſes affaires. Ce n'étoit point d'elle, en effet, qu'il auroit eu raiſon de ſe défier ; elle étoit généreuſe & de bonne-foi : mais ſon Frere étoit un perfide, qui fonda l'eſperance de ſa fortune ſur la ruïne de Mylord Omerſon. Lorſqu'il fut aſſuré par les Lettres de ſa Sœur, que ce Sei-

Seigneur étoit arrivé à Rouen, il s'insinua tellement à la Cour de Londres, qu'il trouva le moyen de pénetrer jusqu'à mon Pere. Il lui fit connoître qu'il savoit le lieu où s'étoit retiré son Ennemi, & il s'engagea à le livrer à sa vengeance, pour la somme de quatre mille livres sterling. On n'ignore pas que mon Pere étoit implacable dans son ressentiment. Il accepta cette offre. Mais ayant voulu être informé de la retraite de Mylord Omerson, & des moyens que Lallin se proposoit d'employer, il forma sur le projet de celui-ci un dessein d'une plus grande étenduë. Lallin méditoit simplement de retourner en France & d'arrêter secretement Mylord Omerson, après s'être accordé avec le Capitaine de quelque Vaisseau Anglois, tel qu'il s'en trouve toûjours un grand nombre dans le Port de Rouen. Il ne lui auroit pas été difficile de conduire ce Seigneur au Vaisseau, & de l'y tenir renfermé ſans que perſonne en eût connoiſſance. Mon Pere approuva ce plan, & ſe rapportant de la facilité de l'exécution aux aſſurances de Lallin, il s'imagina qu'il lui ſeroit aiſé de faire enlever tout à la fois douze ou quinze de ſes mortels Ennemis, qui avoient choiſi la même Ville pour retraite. Il s'ouvrit là-deſſus au perfide Lallin, qui applaudit tout d'un coup à cet horrible projet, dans l'eſpoir ſans doute d'une plus groſſe recompenſe. Ainſi, ce qui n'avoit été d'abord que le deſſein particulier d'un Scélérat, devint une entrepriſe conſiderable par la part qu'y prenoit le Chef d'un des plus puiſſans Etats de l'Europe. Lallin, pour s'aſſurer du ſuccès, fit entendre à mon Pere, qu'il y auroit quelque riſque à courir en employant un Capitaine de Vaiſſeau ordinaire; ſans compter la difficulté de renfermer & de garder tant de perſonnes ſur un petit Vaiſſeau marchand, qui n'eſt conduit communément que par cinq ou six Matelots. Il lui proposa de faire partir exprès de Londres deux des plus grands Vaisseaux qui puissent remonter la Seine jusqu'à Rouen, & d'y mettre avec les marchandises qui serviroient de prétexte au voyage, un certain nombre de Soldats braves & déterminés sous l'habit de Matelots, pour servir non seulement à garder les prisonniers lorsqu'on se seroit saisi d'eux, mais encore à les arrêter l'un après l'autre & les conduire aux Vaisseaux. L'ordre de ce dessein ayant paru plausible à mon Pere, il fit préparer en secret ce qui étoit nécessaire à l'exécution. Les deux Vaisseaux partirent de Londres, & Lallin prit la route de Dieppe, pour se trouver à Rouen avant leur arrivée. Il étoit entré dans la Ville, le jour même que Mylord Omerson me conduisit chez sa Sœur.

Ce Seigneur avoit raison de regarder comme une faveur du Ciel, le bonheur qu'il avoit eu d'entendre le détail d'une partie de ce complot. Il en avoit appris assez, pour s'allarmer justement ; & quoiqu'il eût lieu de juger par les objections qu'il avoit entendu faire à la Sœur de Lallin, qu'elle n'approuvoit point le projet de son Frere, il ne me parla plus de l'un & de l'autre qu'en les détestant. Après avoir passé une heure chez lui à nous entretenir, nous étions prêts de nous quitter, lui pour prendre des mesures contre la perfidie de ses ennemis, & moi pour aller faire part de cette nouvelle à Mylord Axminster ; lorsqu'un Valet de la Sœur de Lallin vint le prier de la part de sa Maitresse, de se rendre sur le champ chez elle. Il fut incertain de ce qu'il devoit penser de cette priere, & dans le premier mouvement, il se persuada que c'étoit un leurre dont Lallin se servoit pour l'arrêter. Cependant, ayant fait réflexion qu'il n'étoit arrivé que du même jour, & que les

Vaisseaux n'étoient point encore à Rouen, il ne crut point qu'il y eût de risque à courir, & il espera qu'il pourroit découvrir quelque nouvelle circonstance qui seroit utile à ses affaires. Il me proposa de l'accompagner. Je ne pouvois le refuser avec honneur, ne fût-ce que pour le secourir s'il se trouvoit dans quelque danger. Nous trouvâmes la Sœur de Lallin, qui l'attendoit avec impatience. Son Frere étant sorti un moment auparavant, elle s'étoit hâté de faire avertir Mylord Omerson, pour l'informer en bonne Amie de tout ce qu'elle venoit d'apprendre. Elle ne s'attendoit point de me voir arriver avec lui; mais malgré la satisfaction qu'elle parut en avoir, elle me pria de lui laisser la liberté d'entretenir un moment Mylord en particulier. Il lui dit, que n'ayant point de secret qu'il ne fût disposé à me communiquer, elle pouvoit s'expliquer librement en ma présence. Ce fut un embarras pour elle, qui savoit que que j'étois Fils de Cromwell: mais Mylord Omerson l'ayant assuré en général qu'il n'y avoit rien à craindre de moi, quand il seroit même question de mon Pere, elle lui raconta avec la plus généreuse franchise le motif du voyage de son Frere, & toutes les particularités que Mylord n'avoit entenduës qu'imparfaitement. Je me suis efforcée, ajouta t-elle, de lui faire perdre ce noir dessein, & je lui en ai fait des reproches, dont il s'est irrité jusqu'à me menacer de m'ôter la vie de ses propres mains, s'il m'arrivoit de trahir son secret. Mais, dût-il exécuter mille fois ses menaces, elles ne sauroient m'empêcher de m'opposer de toute ma force à une si horrible entreprise, & de faire pour vous dans cette occasion, Mylord, ce que je crois vous devoir par honneur & par amitié.

Une conduite si noble & si genereuse fit perdre à Mylord Omerson le ressentiment qu'il avoit conçu d'abord legerement contre cette Dame. Il la remercia vivement ; & faisant semblant de n'avoir obligation qu'à elle de cette découverte, il tira d'elle tous les éclaircissemens qui pouvoient servir à sa sureté. Comme il n'étoit pas le seul dont on méditoit la ruine, il lui demanda si elle avoit appris de son Frere le nom de ceux qui étoient compris dans l'ordre de Cromwell. Elle en nomma quelques-uns dont elle se souvenoit, parmi lesquels étoit Mylord Axminster. Je fremis en l'entendant. Je ne pouvois comprendre comment mon Pere pouvoit être informé que ce Seigneur étoit à Rouen, sur-tout après le soin qu'il avoit eu de déguiser son nom & de s'y tenir presque toûjours renfermé. Je ne doutai point que ma sentence n'eût été prononcée avec la sienne ; & j'ai toûjours cru que c'étoit par la crainte de m'allarmer, que la Sœur de Lallin me déguiſa la part que j'avois au peril. Je lui demandai ſi l'on ſçavoit que Mylord Axminſter fut à Rouen. Perſonne ne l'ignore, me dit-elle. Mylord Omerſon m'aſſura la même choſe; & comme je lui marquois quelque ſurpriſe de ce qu'il ne m'en avoit jamais rien temoigné, il me dit qu'il l'avoit fait par civilité, & pour ne le pas détromper de l'opinion où il étoit qu'on ne le connoiſſoit point dans la Ville. Nous raiſonames longtems ſur les meſures que nous devions prendre pour notre ſureté commune. La voye la plus courte étoit de dénoncer Lallin, dont on n'auroit pas manqué de punir la trahiſon; mais la conſideration que nous devions à ſa Sœur nous obligeoit de garder quelques menagemens. Nous remimes à déliberer en commun ſur cette affaire, avec ceux de nos compatriotes qui étoient envelopés dans le même danger.

Avant que de quitter cette Dame, j'eus

jeus un éclairciſſement avec elle ſur ſur le Billet qu'elle m'avoit écrit la veille. Mylord Omerſon eut la diſcretion de nous laiſſer ſeuls un moment. Elle ſe plaignit du peu de cas que je paroiſſois faire de ſon eſtime. Je l'aſſurai qúe perſonne n'en avoit pour elle une plus ſincere que moi ; mais ſans m'expliquer ſur la nature de mes engagemens, je lui déclarai avec ma franchiſe ordinaire, que j'en avois de ſi forts, qu'ils ne me permettoient point d'en former de nouveaux avec elle. L'air naturel & reſpectueux dont je m'exprimai fit impreſſion ſur ſon eſprit. Je me rends juſtice, me dit-elle, je ne mérite point que vous rompiez les chaines d'une autre pour entrer dans les miennes ; mais ce que vous me dites aujourd'hui, vous auriez pu me le venir dire hier. Croyez-vous qu'il n'en coûte point quelque choſe à une perſonne de mon ſexe, lorſqu'elle fait certaines avances ; & n'eſt-ce pas toûjours le devoir d'un honnête-homme, d'y répondre du moins avec civilité ? Je trouvai tant d'honnêteté & de bon-ſens dans ce reproche, que je lui paſſai condamnation ſur la maniere incivile dont j'avois répondu à ſa bonté ; & je la priai de me continuer ſon eſtime, que je ſerois toûjours très ſatisfait de mériter. Mylord Omerſon étant revenu aſſez promptement, nous la quittâmes, & le malheur qui lui arriva deux jours après ne me permit plus de la revoir. Je vous ai fait tort, me dit-il en ſortant, d'interrompre ſitôt la converſation que vous aviez commencée avec cette belle Dame. L'inquietude que me cauſe le deſſein de ſon Frere, ne m'a pas permis d'attendre plus longtems. Ce n'eſt pas mon interêt ſeulement qui me preſſe, ajouta-t-il ; c'eſt celui de vingt honnêtes-gens qui ſont expoſés au même danger que moi. Il réſolut de les faire avertir de ſe rendre chez

Mylord Axminſter, pour y prendre une réſolution commune. Il paſſa chez lui pour donner cet ordre à ſon Valet, & il m'accompagna enſuite à notre logement.

Mylord Axminſter apprit avec une extrême ſurpriſe, non ſeulement que ſon nom étoit divulgué dans toute la Ville, mais qu'en Angleterre même on étoit déja inſtruit de ſon arrivée en France, & du ſéjour qu'il faiſoit à Rouen depuis un mois. Il en eut bien davantage, lorſque Mylord Omerſon, qu'il n'avoit point connu à Londres, & qu'il avoit pris pour un homme du commun depuis qu'il le connoiſſoit à Rouen, lui eut découvert ſon nom & le motif de ſa viſite. Il laiſſa échaper dans la premiere chaleur quelques imprécations contre la tyrannie de Cromwell; & cette continuation de mauvaiſes fortunes lui faiſant rappeller les peines cruelles qu'il avoit eſſuyé, il retomba dans une triſteſſe ſi profonde, que je ne me ſouviens point de lui avoir vu, depuis ce moment, la moindre apparence de joye pendant tout le reſte de ſa vie. Sept ou huit des Anglois que Mylord Omerſon avoit fait avertir étant arrivés plus promptement que nous ne les attendions, on les inſtruiſit du malheur qui les menaçoit. Le ſentiment de faire arrêter Lallin fut ſi unanime, que Mylord Omerſon eût peine à obtenir qu'on cherchât quelque autre voye. Il fit valoir la générosité de ſa Sœur, à qui nous étions tous redevables de notre ſalut; & l'on convint que pour l'honneur du nom Anglois, il ne falloit rien faire qui bleſſât les devoirs de la reconnoiſſance. La honte de ſon Frere eût rejailli ſur elle & ſur toute ſa famille, qui tenoit un rang diſtingué dans la Ville. Mylord Axminſter ouvrit un moyen court & ſimple; c'étoit de quitter Rouen: mais la plupart y auroient conſenti difficilement, parce qu'ils ÿ avoient formé leurs habitudes. *Sir William Cromby*, qui étoit de l'Assemblée, proposa la seule voye qui fût approuvée de tout le monde : ce fut de publier par toute la Ville le dessein de Cromwell, comme si quelqu'un de nous en eût été informé par des Lettres de ses Amis de Londres ; & de faire semblant d'ignorer que Lallin eût part à l'entreprise. Il étoit clair qu'elle échoüeroit nécessairement losqu'elle seroit découverte, & que chacun de nous seroit alors autorisé à prendre publiquement les moyens d'assurer son salut. Nous nous arrêtames à ce parti, qui eut tout le succès que nous esperions pour notre sureté ; mais qui produisit un effet funeste, dont nous sentimes un mortel déplaisir.

Le Gouverneur de Rouen ayant appris par le bruit public, & par la confirmation de nos Anglois, le dessein hardi qui se méditoit contre nous, donna des ordres à l'entrée de la Riviere & sur le Port, pour faire examiner tous les Vaisseaux étrangers avec la derniere exactitude. Il fit renouveller en même tems les assurances de son estime & de sa protection à toutes les personnes de notre Nation qui se trouvoient alors dans la Ville. Les Citoyens mêmes n'apprirent qu'avec indignation que nous étions menacés de quelque péril au milieu de leurs murailles; & cette considération redoublant le zéle que les François ont naturellement pour les Etrangers, il n'y en avoit point un seul qui ne fût disposé à nous servir au besoin de défenseur. Il n'y eut que le traitre Lallin, qui vît d'un œil mal satisfait le mouvement qui se faisoit en notre faveur. Avec quelque soin que nous eussions caché son nom, il ne put se persuader qu'on eût pu découvrir son projet, sans être instruit en même tems qu'il en étoit l'auteur. N'ayant personne à soupçonner que sa Sœur, il l'accusa de l'avoir trahi; & dans un transport de rage, causé apparemmment par la crainte du châtiment, ou par le chagrin de voir manquer ses esperances, il lui donna un coup d'épée qui faillit à lui ôter la vie. Il se sauva après cette action, & il fut assez heureux pour trouver à Dieppe un Vaisseau tout prêt à faire voile, sur lequel il se déroba au suplice en repassant en Angleterre.

Le malheur de cette généreuse Dame ayant été connu presqu'aussitôt du public, la cause ne tarda gueres à se découvrir. Elle l'apprit elle-même à tous ceux qui voulurent l'entendre. Tous les Anglois qui étoient à Rouen se crurent obligés de lui donner des marques éclatantes de leur reconnoissance, par leurs civilités & par leurs présens. Je ne la revis plus, parce que nous partimes peu de jours après sa blessure. Nous reçumes à Bayonne une Lettre de Mylord Omerson, qui nous apprit ſon rétabliſſement & la concluſion de cette fâcheuſe avanture. Les deux Vaiſſeaux arriverent au Port de Rouen. On étoit trop bien inſtruit, pour ne pas les reconnoître. Le Gouverneur fit arrêter les Capitaines; mais comme ils s'obſtinerent à nier leur commiſſion, & que les preuves qu'on avoit à fournir contre eux ne ſuffiſoient pas pour les convaincre, on fut obligé de leur rendre la liberté. Le Miniſtre de France, qui fut informé de cette hiſtoire, en fit des plaintes au Protecteur d'Angleterre. Elles furent inutiles, parce qu'il deſavoua la part que Lallin lui avoit attribué dans ſon entrepriſe.

Cet évenement porta Mylord Axminſter à précipiter notre départ. Nous quittames Rouen, après un ſéjour d'environ ſix ſemaines. Toutes les nouvelles nous ayant aſſurés que le roi Charles s'étoit rendu ſur la frontiere d'Eſpagne, nous primes directement cette route. Nos chevaux étoient si vigoureux & nos voitures si aisées, que nous fimes le voyage presqu'aussi promptement qu'on le fait par mer avec le vent le plus heureux. Nous ne nous arrêtames dans les Villes, qu'autant que la nécessité nous y contraignit. J'en trouvai peu dans ce long trajet qui me parussent égaler Rouen, soit pour la grandeur, soit pour le nombre des habitans. Je n'y vis rien, non plus, qui me causât de la surprise ou de l'admiration. Le séjour de Rouen avoit tellement formé mes manieres & ouvert mes idées, que j'étois enfin parvenu à penser & à parler comme le reste des hommes. Si j'étois encore frappé de quelque chose, ce n'étoit plus d'appercevoir tous les jours de nouveaux vices qui repugnoient à mes principes: j'en connoissois la source, dans la corruption qui est commune à tous les hommes; & je comprenois bien que suivant les lieux & les occaſions, les effets en peuvent varier à l'infini. Mais je ne pus m'empêcher d'admirer, que dans l'eſpace de deux-cens lieues il y eût tant de diverſité dans les manieres exterieures, dans l'habillement, & dans le langage d'un Peuple qui eſt ſoumis au même Monarque, qui profeſſe la même Religion, & qui ſuit les mêmes Loix. Je ne pouvois me faire entendre dans toutes les Campagnes de Normandie, du Maine, du Poitou, & des autres Provinces que nous eumes à traverſer. J'avois occaſion de demander à chaque Village ſi j'étois encore en France, moi qui parlois exactement la Langue, & qui ne la reconnoiſſois pas dans les Jargons bizarres que j'entendois changer à tout moment. Les habits & les manieres n'y ſont pas plus uniformes. On peut remarquer quelque choſe de cette difference juſques dans les Villes mêmes. Si l'on excepte les perſonnes d'un certain rang, dans toutes les Villes de ce grand Royaume que j'ai parcourus, tout le reſte n'eſt qu'un compoſé de perſonnes groſſieres, qui ne parlent point un Langage fixe, & qui n'ont pas plus de goût, que de reſſemblance dans leur façon de ſe mettre & dans tout leur dehors ; deſorte qu'il n'y a proprement de François en France, que le petit nombre de ceux qui ſont à la tête des autres, & qui ſont diſtingués de ce qu'on appelle Peuple.

Etant arrivés à Bayonne, nous nous fimes conduire, ſelon notre coutume, dans la meilleure hôtellerie de la Ville ; & la premiere choſe que nous y apprimes en deſcendant, fut que le Roi d'Angleterre y étoit depuis deux jours. Grand Prince, s'écria Mylord Axminſter à cette nouvelle, à quel abaiſſement te vois tu réduit, tandis que tes Palais & ton Trône ſont occupés par des Rebelles & des Scélérats ! Il y étoit icognito. Sa ſuite ne ſurpaſſoit pas beaucoup celle de Mylord Axminſter, qui avoit pris à Rouen quatre Laquais & un Ecuyer. Nous n'employames qu'un moment à nous remettre des fatigues de la journée. Mylord avoit un empreſſement d'embraſſer les genoux de ſon Maître, qui ne lui permit pas d'attendre au lendemain. Il ne l'avoit jamais vu, n'étant retourné d'Amerique en Angleterre qu'après la mort du Roi ſon Pere. Il lui fit demander ſur le champ la liberté de paroître en ſa préſence, en lui faiſant annoncer ſon nom. Elle lui fut accordée. Il me dit de l'accompagner. Toute l'expérience que j'avois acquiſe à Rouen & dans le voyage, ne put me défendre d'un ſaiſiſſement ſecret en approchant de la chambre où étoit ce grand Roi. C'étoit moins timidité, qu'un ſentiment confus dans lequel ſe réuniſſoit le reſpect, la tendreſſe, & la compaſſion. Je me repréſentois tout à la fois, ſon infortune & ſa grandeur. Je trouvois encore au fond de mon cœur, un reſte de l'impreſſion que la mort ſanglante de ſon Pere y avoit faite, lorſqu'elle m'avoit été racontée par ma Mere. J'avois d'ailleurs de la Majeſté Royale, l'idée qu'un jeune-homme s'en forme dans l'éloignement. J'entrai dans la chambre, comme on entre dans un Temple. Il étoit debout, à s'entretenir avec deux Anglois de ſa ſuite. Je fus raſſuré tout d'un coup par ſa phyſionomie, qui étoit douce & aimable. Il avoit néanmoins dans les yeux quelque choſe de mélancolique & de ſombre, qui étoit ſans doute l'effet de ſes inquietudes, & du ſentiment continuel qu'il avoit des malheurs de ſon Pere & des ſiens.

Mylord Axminſter ſe jetta à ſes pieds. Il le releva en l'embraſſant. Mylord, lui dit-il avec beaucoup de douceur & de grace, nous ne nous connoiſſons que de nom; mais ſi vous avez autant d'attachement pour ma personne, que j'ai d'estime pour vous sur le portrait qu'on m'a fait de votre mérite, nous ne tarderons gueres à être amis. Je sçai une partie de vos malheurs, ajouta-t-il ; & je me suis étonné plusieurs fois, qu'ayant quitté Londres il y a plus d'un an, vous n'eussiez point cherché votre retraite auprès de moi. Si vous y êtes aujourd'hui dans ce dessein, vous pouvez compter que je tâcherai de vous la rendre agréable. Mylord Axminster fit une réponse respectueuse à ce discours obligeant. Il rejetta sa lenteur à se rendre à son devoir, sur les justes causes qui l'avoient arrêté en Angleterre ; & lui exprimant d'un ton passionné le zéle & l'impatience avec laquelle il étoit venu, il lui offrit la disposition absoluë de sa fortune & de sa vie, comme à son Roi légitime & à son souverain Maître. Ah ! Mylord, reprit ce Prince en soupirant, que j'employerois volontiers la mienne aussi, pour délivrer notre pauvre Angleterre des Tyrans qui la désolent ! Quand ouvrira-t-elle les yeux, pour reconnoître un Roi qui donneroit tout son sang pour la rendre heureuse ! Mais je regarde l'arrivée de gens tels que vous, comme un heureux présage. Son infortune & la nôtre ne sont point encore sans remede. Il s'informa là-dessus de mille particularités, dont Mylord Axminster pouvoit l'instruire. Il apprit avec étonnement le péril où nous avions été exposés en Normandie. Lui-même en avoit couru quelques-uns de la même nature ; & il nous assura que sans le secours visible du Ciel, il eût succombé plus d'une fois à diverses entreprises qu'on avoit faites contre sa vie. Après une conversation assez longue, il dit obligeamment à Mylord, que ne faisant que d'arriver, il avoit besoin de repos, & qu'il lui conseilloit d'en aller prendre en attendant qu'ils pufſent s'entretenir d'affaires plus ſérieuſes & plus importantes. Je ne ſortis point de la chambre, ſans avoir embraſſé ſes genoux. C'eſt un jeune-homme, lui dit Mylord Axminſter, à qui il ne manque rien, ſi on lui ôte ſon Pere, pour mériter la qualité d'un de vos plus zélés ſerviteurs. C'eſt un Fils de Cromwell. Un Fils de Cromwell ! s'écria le Roi, ſaiſi d'une eſpece d'horreur. Oüi, Sire, continua le Vicomte avec la même bonté; mais un Fils digne d'un meilleur Pere, & tel que je ſouhaiterois d'en avoir un. Il lui fit enſuite un abregé de l'Hiſtoire de ma Mere & de la mienne. Ce récit parut intereſſant, & fut écouté avec beaucoup d'attention.

A peine fut-il fini, que le Roi prit la parole pour demander quel étoit le nom de ma Mere. Le Vicomte s'étoit abſtenu exprès de la nommer, parce qu'ayant été pendant quelque tems la Maitreſſe du feu Roi, il ne crut point que le respect lui permît de rappeller ce souvenir à son Fils. Mais étant pressé de parler, il répondit quelle se nommoit Madame Cleveland. Bon Dieu ! que me dites-vous ? s'écria le Roi. Je m'en suis douté. Vîte, qu'on appelle le bon-homme Cleveland, que cette nouvelle va faire mourir de joye. Il ordonna à l'un des deux Gentilshommes qui étoient auprès de lui, d'appeller un de ses Officiers qui étoit ce M. Cleveland même, c'est à-dire le Pere de ma chere Mere. Pendant qu'on éroit à l'avertir, il noas apprit que ce bon-homme (c'est ainsi qu'il l'appelloit) s'étoit attaché si inséparablement à lui depuis la mort du Roi son Pere, qu'il ne croyoit point avoir de sèrviteur plus dévoüé & plus fidele ; qu'il prenoit plaisir à l'entretenir & à lui entendre raconter les Histoires du vieux tems ; mais qu'il ne lui avoit rien répeté si souvent, que les Amours de sa Fille avec le feu Roi ; le malheur qu'elle avoit eu de perdre ses bonnes graces, & de rechercher celles de Cromwell ; les efforts inutiles qu'elle avoit faits pour rentrer dans la maison paternelle ; & la douleur qu'il avoit ensuite ressenti lui-même de l'avoir traitée avec tant de dureté, lorsqu'après avoir perdu tous ses autres Enfans, il étoit venu à songer qu'il ne lui restoit plus qu'elle ; il avoit depuis employé tous ses soins pour découvrir le lieu de sa retraite ; que n'ayant pu réüssir à trouver cette chere Fille, il n'avoit jamais cessé de se reprocher sa perte, & qu'il s'en accusoit comme d'une action barbare & dénaturée. Pendant que le Roi nous faisoit ce récit, M. Cleveland entra dans la chambre où nous étions. On ne lui avoit point annoncé ce qu'il y devoit trouver. Il est certain que je me sentis vivement ému à la vûë de ce bon Vieillard. Je le regardois avec avidité, & le seul respect que je devois au Roi m'empêchoit de courir à lui pour l'embrasser. Cleveland, lui dit le Roi, que me donnerez-vous si je vous fais retrouver votre Fille ? Ah ! Sire, répondit-il presque la larme à l'œil, le Ciel n'a point reservé tant de bonheur à ma vieillesse. Pour elle-même, non, reprit le Roi ; mais quelque chose qui lui ressemble beaucoup, & qui la touchoit de bien près. Tournez-vous, ajouta-t-il, & embrassez ce jeune-homme, qui est un Fils d'elle & de Cromwell. Si le nom de sa Fille avoit fait d'abord une tendre impression sur M. Cleveland, il sembla que celui de Cromwell la détruisoit tout d'un coup. Au lieu de s'approcher de moi, il recula brusquement de quelques pas. Il se mit attentivement à me considerer. Le Roi parut regarder son attitude avec plaisir. Il tenoit une jambe avancée, & tout son corps portoit sur l'autre qui étoit en arriere. Ses yeux étoient ouverts de toute leur grandeur, & fixement attachés ſur moi. Il ne paroiſſoit pas même ému, comme ſi ſon cœur ſe fût endurci en me regardant, la Nature travailloit peu à peu à l'amollir. Ses larmes commencerent à couler. Mon inquietude & ma rougeur ſemblerent achever de le vaincre. Ah! Sire, s'écria-t-il en tournant un regard vers le Roi, & ſe jettant enſuite à mon cou, ſouffrez que je l'embraſſe mille fois. C'eſt le Fils du Bourreau de mon bon Maître; mais c'eſt l'Enfant de ma chere Fille. S'il a reçu du mauvais ſang de ſon Pere, il le répandra pour la Cauſe de ſon Roi. N'eſt-il pas vrai, continua-t il en me ſerrant de toute ſa force; parle, mon cher Fils, n'aimeras-tu pas celui que le Ciel veut que tu reconnoiſſes pour ton Maître, & ne verſeras-tu pas juſqu'à la derniere goutte de ton ſang pour ſa querelle?

Un ſpectateur indifferent (s'il eſt poſſible qu'il y en ait dans une ſcene où la Nature seule agit) auroit eu peine à juger par les expressions & les regards de M. Cleveland, lequel, de son Roi ou de son Petit-fils, étoit le plus cher à son cœur. Il demeura plus d'un demi quart-d'heure dans cet état violent, tantôt jettant les yeux sur le Roi & le conjurant de prendre quelques sentimens d'affection & de bonté pour moi; tantôt les tournant de mon côté, pour me recommander de ne m'écarter jamais des plus étroits devoirs du zéle & de la fidelité pour mon Maître. Ce Prince prenoit tant de satisfaction à l'écouter, qu'il ne l'obligea de finir que par bonté, dans la crainte qu'une si vive émotion ne produisît quelque effet dangereux dans un homme de son âge. Il lui promit de prendre soin de moi, & de me tenir lieu de Pere à la place de Cromwell.

Nous nous trouvâmes alors à Bayonne comme en Pays de connoissance. M. Cleveland étoit charmé de se voir revivre dans un Petit-fils. Mylord Axminster ne l'étoit pas moins de la présence & de l'entretien continuel de son Roi. Il l'accompagnoit toûjours lorsqu'il alloit ou à l'Isle de la Conference, ou rendre quelque visite particuliere au Cardinal Mazarin, qui étoit comme l'ame de toutes les grandes affaires de l'Europe. Je ne fus pas mieux informé que le public, du fond de leurs conseils & de leurs déliberations; mais comme il échape toûjours aux plus habiles Politiques quelques legeres indiscretions qui font naître les conjectures des curieux interessés; je me souviens d'avoir entendu dire au Roi, qui se plaignoit également de la France & de l'Espagne, que quoique la conduite de ces deux Couronnes fût entierement differente à son égard, elle s'accordoit en un point, qui étoit de regarder ses interêts avec beaucoup de froideur. La France le traitoit extérieurement avec toute ſorte de civilités ; chacun y plaignoit ſon malheur. On lui faiſoit ſous-main des préſens conſiderables ; & lorſqu'il étoit à Paris, on ne lui épargnoit ni les honneurs ni les plaiſirs. Mais la Reine & le Cardinal vivoient en même tems dans la meilleure intelligence du monde avec ſes ennemis. La guerre contre l'Eſpagne s'étoit faite de concert avec Cromwell. C'étoit pour lui que l'Armée Françoiſe avoit vaincu aux Dunes, & qu'elle avoit pris Dunkerque. On le reconnoiſſoit pour le Chef légitime de la Republique d'Angleterre : on avoit des Ambaſſadeurs auprès de lui, & l'on recevoit les ſiens. L'Eſpagne prenoit tout le contrepied de cette conduite. Dans le tems qu'elle affectoit une entiere indifference pour les affaires d'Angleterre & pour la perſonne du Roi, elle lui faiſoit offrir ſous-main d'armer pour ſon rétabliſſement. Mais c'étoit à des conditions ſi dures & ſi deſavantageuſes pour lui, qu'il paroiſſoit viſiblement qu'elle étoit peu touchée de ſon infortune, & qu'elle n'avoit en vûë que ſes propres interêts. Dom Loüis de Haro, qui le négligeoit à l'exterieur juſqu'au point de ne lui avoir pas même député un Gentilhomme pour rendre ce qui étoit dû à la Dignité Royale, ne laiſſoit pas d'entretenir avec lui un commerce ſecret, dans lequel il lui faiſoit tous les jours des nouvelles propoſitions. Mais elles étoient ſi peu raiſonnables, que le Roi s'en plaignoit ſouvent comme d'autant d'inſultes. Il ne s'agiſſoit de rien moins, que de ceder à l'Eſpagne tout ce que les Anglois ont de plus méridional en Amerique; & non ſeulement de rendre Dunkerque après le rétabliſſement de ce Prince, mais d'aider les Eſpagnols à reprendre tout ce que l'Armée Françoiſe leur avoit enlevé en Flandres. Les ridicules ſollicitations de Dom Loüis ceſſerent enfin par la concluſion du Traité

Traité de Paix avec la France, & du Mariage de l'Infante avec le Roi Loüis XIV. On s'occupa ensuite beaucoup moins d'affaires, que de plaisirs.

Cependant, les entretiens que Mylord Axminster avoit sans cesse avec le Roi, firent naitre à ce Prince une pensée, dont il se flata de tirer de grands avantages. Il sçavoit la consideration où ce Seigneur & son Pere avoient été en Amerique. Les grands établissemens que les Anglois ont dans cette Partie du Monde, forment une partie considerable des forces de leur Royaume. C'est la source de leur Commerce, & par conséquent celle de leurs richesses. Le Roi forma là-dessus le dessein d'y envoyer Mylord, pour entreprendre de ramener à son obeïssance tous ceux qui conservoient encore un reste de respect pour le nom de leur legitime Maître. Ce projet ne parut point sans vraisemblance au Vicomte d'Axminster. Loin de sentir de la repugnance à l'exécuter, il s'y porta autant par inclination, que par la soumission qu'il devoit aux volontés du Roi. Après les cruels malheurs qu'il avoit essuyez en Europe, rien ne l'y attachoit, que son zéle pour le service de son Maître. Il avoit une ample matiere pour l'exercer en Amerique; & il esperoit que la vûë d'un lieu où il se souvenoit d'avoir vêcu heureux, serviroit à remettre son cœur dans une situation tranquille, & à lui faire perdre des idées que la proximité d'Angleterre entretiendroit toûjours. Je fus informé aussitôt de cette résolution. Elle me jetta dans un extrême embarras. Je pressentis toutes les difficultés que j'aurois à essuyer, ou de la part de M. Cleveland, à qui j'étois devenu si cher, qu'il ne consentiroit jamais à me voir partir avec Mylord Axminster; ou de la part de mon propre cœur, qui me permettoit encore moins d'abandonner Fanny, ma ſouveraine Maitreſſe, & de me détacher un ſeul moment de ſon Pere, mon tendre & bien-aimé Protecteur.

Les combats que je prévoyois ne tarderent pas plus longtems à commencer, que M. Cleveland à être inſtruit du voyage du Vicomte. Il n'eut pas plûtôt appris cette nouvelle, qu'il accourut à moi d'un air allarmé. Je ſuppoſe, me dit-il, que vous ne penſez pas à quitter l'Europe. Mylord vous a ſervi de Pere juſqu'aujourd'hui ; c'eſt moi qui vais prendre à préſent ſa place : & vous vous ſouvenez d'ailleurs, de ce que le Roi vous a promis. Il prononça ces paroles d'un maniere ſi vive & ſi affectueuſe, que la crainte de la chagriner m'empêcha de répondre. Il prit mon ſilence pour un acquieſcement ; & la joye qu'il en eut le porta à publier que j'allois quitter Mylord Axminſter, pour ſuivre le Roi qui ſe diſpoſoit à retourner en Flandre. Je paſſai quelques heures à rêver à la conduite que je devois tenir ; & cette méditation m'ayant cauſé quelque triſteſſe, je deſcendis à la chambre de Fanny, pour me conſoler auprès d'elle. La froideur avec laquelle elle écouta quelques diſcours généraux que je lui tins ſur le Voyage de ſon Pere, me fit appercevoir qu'il ſe paſſoit quelque choſe d'extraordinaire dans ſon eſprit. Je lui demandai s'il ne lui étoit rien arrivé qui lui donnât du chagrin. Elle me fit une réponſe équivoque, qui ne pouvoit m'éclaircir. Madame Riding, qui étoit préſente, ne me parut point dans une meilleure diſpoſition. Comme nous étions toûjours dans l'hôtellerie de Bayonne, & que la multitude d'Etrangers dont elle étoit ſans ceſſe remplie nous y tenoit fort à l'étroit, nous paſſions ordinairement la journée dans la chambre de nos deux Dames. Mylord y entra, au moment que l'inquietude que me caufoit leur humeur fombre m'en alloit faire fortir. Il parla du départ du Roi, qui étoit remis au commencement de la femaine fuivante ; & tournant les yeux vers moi d'une maniere indifferente, il me demanda fi je penfois aux préparatifs qui m'étoient neceffaires pour le fuivre. Cette queftion, faite d'un air qui fuppofoit notre féparation affurée, & d'un ton qui fembloit la fouhaiter, me jetta dans un trouble qui m'ôta la liberté de répondre. Mylord prit mon embaras pour un effet de la confufion que j'avois d'avoir formé divers deffeins fans fa participation, & faifant tourner pendant quelque tems la converfation fur un autre fujet, il fortit fans nous être expliqués davantage. Il s'éleva à fon départ un fi amer fentiment dans mon cœur, que n'y pouvant plus réfifter, je laiffai échaper quelques larmes. Mylord ſe laſſe donc de moi, dis-je à Fanny. Il ſeroit mieux, ajoutai-je dans un tranſport qui ne me permit point de conſiderer que Madame Riding étoit préſente, il ſeroit mieux de me donner la mort, que de m'obliger à vous abandonner. Ce diſcours, quoique vague, étoit aſſez intelligible. Madame Riding parut ſurpriſe, & Fanny ſi agitée, que ſon viſage ſe couvrit de rougeur. Je me levai pour ſortir, & pour aller m'entretenir ſeul de mon chagrin.

Madame Riding me ſuivit. Je ne vous reconnois plus, me dit-elle en me conduiſant dans une chambre voiſine : je vous ai toûjours cru de la prudence & de la raiſon, & je m'imaginois qu'il ne vous manquoit qu'un peu de connoiſſance du monde pour vous perfectionner. A peine au contraire avez-vous commencé à l'acquerir, que toute votre ſageſſe vous abandonne. Souffrez du moins, continua-t-elle, que je prenne encore une fois la liberté de vous expliquer ce que je penſe de vous. Premierement, vous manquez de reconnoiſſance & de droiture, en formant le deſſein de quitter Mylord ſans l'en avoir averti. En ſecond lieu, y a-t-il rien de ſi horrible & de ſi contraire aux principes dont vous avez fait ſi longtems profeſſion, que de nous avoir non ſeulement caché votre intrigue de Rouen, mais proteſté en preſence de Mylord & de Fanny, que vous etiez réſolu de ne lier aucun commerce avec cette Dame qui vous écrivit; tandis que vous étiez aſſez bien avec elle pour lui promettre de l'épouſer. Quel nom donnerez-vous à une conduite ſi double & ſi artificieuſe? Mylord & Fanny vous vouloient du bien, ajouta-t-elle; mais leurs ſentimens ſont bien changés. Pour moi qui vous aimois comme une Mere, je vous avouë que je ne me trouve plus cette même tendresse, que j'aurois voulu conserver pour vous toute ma vie.

Si j'eusse eu moins de respect pour Madame Riding, j'aurois traité d'abord son discours d'extravagance. Je n'y trouvai pas un seul mot que je pusse comprendre. Je me suis abstenu exprès de prévenir mon Lecteur sur cette avanture, pour le laisser dans le même embarras en commençant à la lire, où je fus en commençant à l'entendre; mais j'en expliquerai maintenant la source en peu de mots, de peur qu'un délai plus long ne rendît mon récit obscur.

La Sœur de Lallin que j'avois entierement oubliée en quittant la Normandie, & avec laquelle d'ailleurs je n'avois eu nul commerce qui pût m'être reproché, n'avoit pas perdu, en cessant de me voir, les sentimens de bonté qu'elle avoit pour moi. Je l'appellerai desormais du nom de son Frere, pour cacher, comme j'ai fait jusqu'à présent, celui de son Epoux dont la famille eſt une des plus diſtinguées de Rouen. Cette Dame avoit donné le ſens le plus favorable pour ſes deſirs, à la réponſe ſimple & honnête que j'avois faite à ſes reproches. Son malheur qui étoit arrivé deux jours après la viſite que je lui avois renduë avec Mylord Omerſon, ne lui avoit pas permis de m'expliquer davantage ſes ſentimens avant mon départ. Elle avoit même ignoré que je fuſſe parti de Rouen ; juſqu'à ce que ſe trouvant mieux de ſa bleſſure, elle eût reçu la viſite de quantité d'Anglois qui l'en avoient informée. Quelque reſſentiment qu'elle eût de ce que je l'avois quittée ſans avoir pris congé d'elle, elle l'attribua à la néceſſité où j'étois de ſuivre le Vicomte d'Axminſter ; & continuant de s'ouvrir à Mylord Omerſon, elle lui fit connoître qu'elle m'eſtimoit aſſez pour conſentir à m'épouſer. Milord Omerſon, qui me portoit quelque affection, & qui, n'ignorant pas le miſerable état de ma fortune, trouvoit un ſolide avantage pour moi dans ce mariage, avoit contribué par tous ſes ſoins à la confirmer dans cette penſée. Il la flatoit tous les jours de l'eſperance de me revoir au retour du Roi Charles, & il lui promettoit en mon nom toute l'ardeur avec laquelle elle avoit lieu d'attendre que je reconnoîtrois ſes faveurs. En effet, il regardoit mon conſentement comme une choſe ſi infaillible, qu'ayant écrit à Mylord Axminſter, il lui parla de Madame Lallin & de moi, comme de deux perſonnes deſtinées l'une pour l'autre, qui n'attendions que le moment de nous unir par les liens du mariage, comme nous l'étions déja par ceux de l'eſtime & de l'amour.

Cette Lettre étoit arrivée le jour même que M. Cleveland s'étoit cru aſſuré par mon ſilence que je ne penſois point au Voyage d'Amerique. Il trouva en ſortant de ma chambre

Mylord Axminſter, qui étoit à la lire; & ſe faiſant une eſpece de gloire de m'enlever, pour parler ainſi, de ſes mains, il lui avoit annoncé bruſquement, que j'étois réſolu de ſuivre le Roi en Flandre. Indépendamment des nouvelles vûës de bonté & d'amitié que Mylord avoit ſur moi, il avoit eu raiſon d'être choqué d'une conduite qui bleſſoit toutes les regles de la reconnoiſſance & de l'honnêteté; car il n'y avoit perſonne au monde à qui j'euſſe tant d'obligation qu'à lui. Le reſſentiment qu'il avoit de mon ingratitude étoit donc proportionné à ſes faveurs. Il l'avoit communiqué auſſi-tôt à Madame Riding, & à ſa Fille, qui m'avoient condamné avec juſtice. Cependant l'amitié combattant encore en ma faveur, il étoit ſorti pour me chercher, & pour me donner lieu d'en venir du moins à quelque explication. Le hazard fit que j'entrai dans la chambre de ſa Fille, ſans qu'il m'apperçut : mais y étant revenu un moment après, & voyant que non seulement je m'obstinois à lui cacher le dessein prétendu de mon mariage de Rouen, mais mon départ même avec le Roi, dont il lui sembloit que j'affectois de faire mystere, il étoit sorti plus mécontent & plus irrité que jamais.

On peut juger à présent quel dut être mon embaras, après avoir entendu les réproches obscurs & piquans de Madame Riding. J'étois aussi peu informé de ce qui se passoit à Rouen, que du bruit que M. Cleveland avoit répandu de mon départ : aussi demeurai-je quelque tems à regarder M.me Riding, sans pouvoir me déterminer à lui répondre. Enfin mon innocence m'ayant rassuré, je lui dis que son éloquence seroit inutile pour me faire sentir mes fautes, aussi-tôt qu'elle l'auroit employée à me les faire connoître. Ce ne fût néanmoins qu'après une multitude de questions & de reparties, plus obſcures l'une que l'autre, que je parvins à obtenir une explication nette & ſuivie. Elle me rapporta tous mes crimes, & ſur quels témoignages elle les avoit appris. Quelque ſatisfaction que j'euſſe de me trouver tout d'un coup innocent, je ne laiſſai pas de reſſentir une vive douleur de cette ſeule penſée, que Mylord eût pû me croire capable d'ingratitude ; & l'aimable Fanny, d'aimer quelque choſe plus qu'elle. O Ciel ! m'écriai-je, quel eſt le malheur d'un cœur droit & généreux, de n'avoir que des paroles pour s'exprimer, c'eſt-à-dire, un moyen dont l'ingratitude abuſe, & que la perfidie même peut tourner à ſes uſages ! Pour l'affaire de Rouen, dis-je à Madame Riding en la regardant triſtement, dans l'éloignement où nous ſommes de cette Ville, je n'ai pour me juſtifier que l'air & le cri de mon innocence. Si Mylord m'a cru capable du déguiſement honteux dont il m'accuſe, il me le croira encore ſans doute d'employer le menſonge pour me juſtifier. Ainſi je ne vois rien qui puiſſe me rétablir dans ſon eſprit. Pour ce qui regarde mon départ avec le Roi, c'eſt une fauſſe opinion qu'il m'eſt aiſé de détruire, & que je traiterois d'impoſture dans tout autre que M. Cleveland qui l'a répanduë. Ciel ! continuai-je en voyant que ma peine attendriſſoit Madame Riding, je t'atteſte encore une fois : pourquoi ne prens-tu pas ſoin de faire connoître mon innocence, puiſque c'eſt toi qui m'as fait tel que je ſuis, ſincere & incapable d'artifice !

Cette bonne Dame, qui me connoiſſoit trop bien pour ne pas s'en rapporter tout tout d'un coup à mes aſſurances, reprit de moi auſſi-tôt la bonne opinion qu'elle en avoit toûjours euë. Elle me dit qu'elle alloit détromper ſur le champ Mylord & Fanny. Si Fanny m'a cru coupable, repris-je par un mouvement plus prompt que m'a réflexion, je ſuis le plus à plaindre de tous les hommes. Madame Riding n'avoit pas oublié ce qu'elle m'avoit entendu dire à Fanny un quart-d'heure auparavant. Ces dernieres paroles achevant de lui ouvrir les yeux, elle me demanda aſſez malicieuſement, pourquoi j'étois ſi troublé de la crainte d'avoir déplu à Fanny. Je reconnus moi-même que je m'étois trop déclaré; mais ce n'étoit point avec une Dame qui m'avoit preſque toûjours ſervi de Mere, que je devois me repentir de mon indiſcretion. Au contraire, je fus ravi qu'il ſe préſentât ſi naturellement une occaſion de lui découvrir l'état de mon cœur. Je lui fis l'aveu de ma paſſion, ſans lui rien déguiſer de la maniere dont je l'avois ménagée juſqu'alors. Elle ſoûrit, après m'avoir entendu. Voilà donc notre Philoſophe, me dit-elle! Gare le naufrage de la Sageſſe, parmi les écueils de l'Amour. Je la conjurai de me dire sérieusement ce qu'elle pensoit de cette ouverture. C'étoit une femme d'un grand sens. Aimez toûjours la Vertu, me répondit-elle, & ne vous défiez jamais ni de l'Amour ni de la Fortune. Elle refusa absolument de s'expliquer davantage.

Nous retournâmes ensemble à la chambre de Fanny. La vûë de cette chere personne réveilla la douleur que je venois de sentir. Par un effet de ce sentiment, & peut-être encore plus par une espece de confiance qui me venoit de l'aveu que j'avois fait de mon amour à Madame Riding, je me jettai à ses pieds, & j'y demeurai en silence, pendant que Madame Riding entreprit ma justification. Elle parut extrêmement satisfaite d'un éclaircissement si peu attendu. Je pris ce moment pour lui dire mille choses touchantes, sur les peines que la seule crainte de méri-

ter

ter sa froideur étoit capable de me causer. Je m'attendris jusqu'à verser quelques larmes ; & perdant peu à peu le souvenir de toutes mes résolutions, je m'oubliai tellement, que je fis vœu en baisant ses belles mains, de l'adorer religieusement toute ma vie. Je n'eus pas fini ces paroles, que, faisant réflexion sur ce qui venoit de m'échaper, je jettai un regard sur elle en tremblant. Elle me parut embarassée. J'en ai trop dit, repris-je en baissant les yeux : mais c'est à vous, qui êtes à present la maîtresse de mon secret, à disposer souverainement de ma vie. Elle demeura quelque tems sans parler ; & se tournant vers Madame Riding, elle lui demanda d'un air languissant, ce qu'elle croyoit qu'elle dût me répondre. Je vois bien, lui dit cette Dame qui avoit ses raisons pour ne pas condamner notre amour, que vous n'avez pas attendu à me consulter pour vous résoudre. Répondez-lui ce que votre cœur vous dicte, c'eſt-à-dire, que vous êtes bien éloignée de le haïr. Puiſſiez-vous, mes chers Enfans, ajouta-t-elle, vous aimer auſſi long-tems que vous mériterez l'affection l'un de l'autre! Aimez-vous; vous êtes dans l'âge d'aimer. Le Ciel l'approuve, & Mylord ne le condamnera pas.

J'étois ſi ſurpris, & ſi charmé en même tems, de ce que j'entendois, que jamais une vérité ne me parut approcher ſi fort d'un ſonge. Les mouvemens mêmes que mon cœur reſſentoit, me paroiſſoient d'une autre eſpece que ceux qu'on éprouve en veillant. C'étoit quelque choſe qui me sembloit ſuperieur à la nature, quelque choſe qui tenoit d'un état au-deſſus de la portée des hommes: c'étoit ... il eſt impoſſible que je l'exprime, & le plus délicieux moment de ma vie fut celui auquel je l'éprouvai. Je repris les mains de Fanny, & dans un tranſport qui ne s'exprimoit que par mes larmes, je les baiſai mille fois, ſans qu'elle pensât de ſon côté à les retirer. Je me levai avec la même ardeur pour embraſſer Madame Riding, & je la priai de me confirmer l'heureuſe approbation qu'elle m'accordoit, & de m'expliquer davantage ce que j'avois à eſperer de la bonté de Mylord. Elle me répondit, qu'elle avoit peut-être eu tort de s'ouvrir à nous avec tant de facilité; mais qu'elle ne pouvoit s'en repentir: qu'il falloit ſeulement que nous euſſions Fanny & moi la prudence de moderer nos ſentimens, juſqu'à ce qu'elle eût pris le tems de renouer avec Mylord une converſation qu'elle avoit euë la veille avec lui ſur mon ſujet; que ce Seigneur, en lui parlant pour la premiere fois de ſon Voyage d'Amerique, lui avoit demandé d'abord, ſi ſon inclination la portoit à le ſuivre; que lui ayant répondu qu'elle s'étoit attachée à ſa perſonne pour ne s'en séparer jamais, il lui avoit fait ensuite la même question par rapport à moi; que ne pouvant répondre absolument de ma disposition, elle lui avoit offert de me sonder; mais qu'il avoit souhaité seulement, qu'elle s'attachât à observer de quelle maniere je recevrois la nouvelle de son départ; qu'il croyoit s'être apperçu que j'avois quelque tendresse pour sa Fille; qu'en ayant lui-même infiniment pour moi, il consentiroit de bon cœur à me donner la qualité de son Gendre, & à me prendre pour le compagnon de sa fortune & de ses Voyages; mais qu'il vouloit que de ma part il n'y eût rien que de naturel & de volontaire dans ma détermination: qu'il avoit exigé d'elle, que, sans me faire connoître les tendres desseins qu'il avoit en ma faveur, elle tâchât de démêler le fond de mon cœur, & mes veritables sentimens pour lui & pour sa Fille. Ainsi, continua-t-elle, je n'ai rien avancé qui ne porte sur de solides raisons, en vous promettant que Mylord ne condamnera point votre amour : je ne lui ai pas manqué non plus de parole, en vous découvrant les desseins qu'il a sur vous, puisque je ne l'ai fait qu'après m'être assuré que vous aimez Fanny. Cependant, je serois fâché de lui ôter la satisfaction qu'il se reservoit sans doute, de vous apprendre lui-même votre bonheur. Il faudra que vous fassiez semblant de l'ignorer, & d'en recevoir les premieres assurances de sa bouche. Je vais le chercher, ajouta-t-elle, pour le guérir entierement des fâcheuses idées que votre Grand-pere, & la lettre de Mylord Omerson lui ont donné de vous ; & pour lui apprendre ensuite, que vous êtes par rapport à lui & à sa Fille tel qu'il le desire, & qu'il l'a toûjours cru. Allez, lui dis-je, interdit de joye & d'admiration, & faites bien entendre à Mylord, qu'il fera plus en me permettant d'aimer Fanny, que le Ciel & la Terre ensemble ne peuvent faire pour le bonheur d'un homme.

Je demeurai seul avec la Maîtresse de mon ame. Son embarras & le mien furent extrêmes, pendant le premier moment ; mais comme il ne venoit que de la confusion de nos sentimens, il fit bien-tôt place à l'entretien le plus tendre & le plus animé. Ces Trésors d'Amour que le silence & la contrainte tenoient ensevelis, & comme accumulés dans nos cœurs depuis si long-tems, ne craignirent plus de se déveloper avec liberté. Je tirai de l'aimable Fanny des aveux capables de faire mille fois la félicité d'un Amant, & dont il auroit pu sembler néanmoins que je n'étois pas satisfait, tant j'avois d'empressement à les lui faire repéter. Je lui racontai l'origine de ma passion, ses effets, mes timides & respectueuses esperances ; le dessein que j'avois formé de les cacher pendant toute ma vie, où d'attendre du moins pour les expliquer, d'heureuſes circonſtances que je ne prévoyois point, & que j'avois à peine la hardieſſe de deſirer. Ma tendreſſe m'avoit ſemblé ſuffire, lors même que le reſpect la tenoit renfermée dans le fond de mon cœur : à quel excès de bonheur me voyois-je élevé tout d'un coup par l'aſſurance d'être aimé, par la liberté d'exprimer mon amour, & par l'eſprit de le voir bien-tôt au comble de ſes vœux! Tant de joye ſurpaſſoit non-ſeulement mes expreſſions, mais l'étenduë même de mes ſentimens & de mes idées. La fortune qui m'avoit maltraité ſi long-tems, le Ciel qui n'avoit jamais ſemblé juſqu'alors me regarder qu'avec rigueur, l'Amour, l'Amitié, tout ſe réuniſſoit en ma faveur, pour me tirer à jamais du rang des miſerables, & me faire un deſtin digne d'envie. Ciel! m'écriai-je vingt fois avec transport, je ne vous demandois pas tant ; vous m'accordez trop tout d'un coup ; moderez vos bienfaits ; je suis trop heureux, pour l'être tranquillement. Et puis changeant aussi-tôt de desir, je le priois au contraire d'augmenter encore ma felicité, s'il étoit possible, & de la faire durer toûjours dans cet excès.

Fanny m'écoutoit avec une satisfaction qui me répondoit de ses sentimens. Elle parla peu : mais c'étoit me dire beaucoup, à moi qui la connoissois, que de recevoir mes tendres caresses & de les approuver. Tout retenus qu'étoient ses regards, ils n'en étoient pas moins pénetrans ni moins passionnés. Elle n'attachoit point une seule fois ses yeux sur les miens, sans faire passer dans mon cœur mille traits de flâme, & sans y exciter quelque nouveau mouvement que je n'avois point encore éprouvé. Elle remercia le Ciel, de m'avoir rendu pour elle aussi tendre qu'elle qu'elle l'avoit souhaité. Elle m'assura modestement, que si j'étois tel que je m'efforçois de lui persuader, nous allions être deux exemples d'une passion parfaite ; & qu'il ne dépendroit pas d'elle que nous n'en fussions deux, aussi, d'une fidelité & d'une constance éternelle.

Madame Riding ne tarda point à nous apporter des nouvelles qui confirmerent notre joye. Si vous n'êtes point le plus heureux couple qu'il y ait sur la Terre, nous dit-elle en entrant, ce ne sera ni la faute de Mylord, ni la mienne. Vous serez l'un à l'autre avant que nous quittions Bayonne, & Mylord ne m'a point caché qu'il en auroit autant de satisfaction que vous. Elle ajouta, qu'il étoit allé trouver le Roi, pour le prier d'honorer notre mariage de son consentement, & de faire en ma faveur quelque chose qui pût suppléer au défaut de ma fortune. Mylord vint effectivement un quart d'heure après, avec un visage si joyeux & si riant, que je ne doutai point que la bonté du Roi n'eût rempli ses esperances, & surpassé les miennes. Son amitié se satisfit d'abord en m'embrassant, & en m'accordant le nom de son cher Fils. Il nous prit ensuite par la main sa Fille & moi, & nous ayant conduit à la chambre du Roi; Les voilà, Sire, lui dit-il: ce sont mes deux Enfans. J'ai peine à distinguer lequel m'est plus cher, de l'un ou de l'autre: c'est pour n'avoir plus cette distinction à faire, que j'ai résolu de les lier si étroitement qu'ils ne fussent plus qu'un. Le Roi lui répondit, qu'il prenoit part à sa joye & à la nôtre; & qu'il vouloit commencer à me le marquer, en me créant Chevalier. Il m'honora sur le champ de cette Dignité, avec la cérémonie ordinaire. C'est le premier degré, me dit ce Prince après m'avoir donné l'accolade: vous êtes jeune; je veux que l'esperance d'obtenir de moi beaucoup d'avantage, vous serve d'éguillon pendant quelques années ; & je vous engage ma parole royale, que je recompenserai vos services au-delà de vos desirs. J'ai appris de Mylord, ajouta-t-il, que vous êtes disposé à l'accompagner en Amerique. Allez, & comptez tous deux sur la reconnoissance de votre Roi. Ce Prince avoit dans les manieres & dans les expressions un air de bonté, qui est rare dans un Souverain. Mylord étoit pénetré des témoignages qu'il recevoit tous les jours de son estime & de sa confiance. Dans l'extrême impatience où il étoit de partir pour se rendre utile à son service en Amerique, il le pria de trouver bon que nos nôces s'accomplissent en sa présence, afin que nous pussions nous embarquer ensuite à ses yeux, avant qu'il se mît en chemin pour retourner en Flandres. On régla, que nous serions mariés le lendemain. Quoique les préparatifs ne pussent être magnifiques dans un espace si court, les ordres qui furent donnés par le Roi & par Mylord auroit rendu la fête fort brillante, si le Ciel eût permis qu'ils se fussent exécutés. Mais j'étois à la veille de voir prendre une nouvelle face à ma vie : mon sort avoit attendu jusqu'alors à se déclarer.

On voit par tout ce que j'ai rapporté jusqu'à présent de mon Histoire, qu'il n'y avoit rien eu d'absolument malheureux dans mes premieres avantures. J'avois éprouvé dès ma naissance, les traits de la mauvaise fortune ; mais presque sans les sentir. J'en avois même formé une espece d'habitude, jusqu'au tems où je commençai à connoitre Mylord Axminster. Sa compagnie & son amitié m'avoient fait mener une vie fort douce. Ma passion pour sa Fille avoit fait beaucoup plus ; elle m'avoit rendu heureux. L'esperance prochaine de l'épouser alloit mettre le comble à mon bonheur. Ainsi je je n'avois pas lieu de me plaindre beaucoup du passé, & je ne trouvois dans ma situation présente que de justes sujets de joye. Quelque obscur que fût l'avenir, j'aurois eu tort de m'en défier, puisque mon bonheur étoit prêt à s'établir sur les fondemens les plus solides. Enfin, j'étois content de ma condition. Mon ame étoit tranquille, ou du moins elle n'étoit agitée que par les délicieuses émotions du plaisir.

Cependant, tout cet édifice de tranquillité & de bonheur étoit un vain Fantôme, qui s'étoit formé par dégrés, pour s'évanoüir en un moment. Mon nom étoit écrit dans la page la plus noire & la plus funeste du Livre des Destinées: il y étoit accompagné d'une multitude d'Arrêts terribles, que j'étois condamné à subir successivement. Mon bon Génie avoit lutté inutilement pour m'en garantir; il n'avoit pu réüssir pendant près de dix-huit ans qu'à les suspendre. O Dieu, qui m'as donné la force de les supporter, donne m'en assez maintenant pour les rappeller à ma mémoire! Je me suis fait violence pour les en écarter, pendant le récit de cette premiere Partie de mon Histoire; c'est une tréve que j'ai eu la force de faire avec mes douleurs. Je les sens qui renaissent, & qui viennent se présenter en foule à ma plume.

Fin du Tome premier.

www.ingramcontent.com/pod-product-compliance
Lightning Source LLC
LaVergne TN
LVHW020610110826
845149LV00002B/428

* 9 7 8 2 0 1 1 8 8 1 6 2 5 *